図解 Cubase AI/LE 14 だ!

Cubase AI/LE 14 は、Cubase シリーズのなかでも **スタートグレード的** 存在で、ハードウェアに付属する **単体では販売されていない** 音楽制作ソフトです。それでもさすが Cubase シリーズを名乗るだけあって、そのポテンシャルは **音楽制作の基本をカバーできる** ソフトです。

ここでは、そのディテールを見てみましょう。

演奏や情報を記録したり機能を割り当てたりする
「トラック」

Cubase には、扱うものに応じてさまざまなトラックが用意されています。

■インストゥルメントトラック

後述する VST インストゥルメント（内蔵ソフトウェア音源）と、演奏情報を記録する MIDI トラックがセットになったトラックです。作成するときに、音を鳴らすための VST インストゥルメントを選択します。

VST インストゥルメント「HALion Sonic」を鳴らすためのデータを、インストゥルメントトラックのキーエディターで作成しています。

インストゥルメントトラックと
そのイベント

データを入力／編集する
キーエディター

インストゥルメントトラックの
データを鳴らす
VST インストゥルメント
「HALion Sonic」

■MIDI トラック

　演奏情報を記録するためのトラックです。インストゥルメントトラックとの違いは、VSTインストゥルメントとセットではなく、起動しているVSTインストゥルメントに自由に接続できる点です。

ドラムやベース、シンセサイザーなどのパートを作成し、お気に入りのVSTインストゥルメントに接続して曲を仕上げていきます。

■Audio トラック

　音声を記録するためのトラックです。オーディオインターフェースに接続したマイクからの音声や、オーディオインターフェースに直接接続したギターやシンセサイザーなどの楽器の音を録音したり、あらかじめパソコン内に保存されているオーディオデータを読み込んだりすることができます。

単純にオーディオデータを録音できるのは当たり前のこと、録音ずみのデータを編集／加工して仕上げることができます。

■FX チャンネルトラック

　リバーブやディレイなど響きを加える「空間系エフェクト」を割り当てるためのトラックです。各トラックの「send（センド）」から出力された信号にエフェクトがかかる「センド-リターン」方式で多く使います。

録音ずみのボーカルトラックに、リバーブをかけて声に響きを加えます。

エフェクトをアサインする「FXチャンネルトラック」

Cubaseに付属するリバーブエフェクト「RoomWorks SE」

■フリーズトラック（フリーズ機能）

　多数のVSTインストゥルメントやエフェクトを使用していると、パソコンのCPUに負荷がかかり、Cubaseの動作が緩慢(かんまん)になることがあります。そのようなときに、トラックを一時的にオーディオに書き出してCPUの負荷を下げることを「フリーズ」、フリーズしたトラックを「フリーズトラック」と呼びます。このトラックは音量やパンなど基本的な操作以外の編集や修正はできなくなります。もとの編集／修正可能な状態に戻すには、「アンフリーズ」という操作をおこないます。

フリーズ機能により、重たかったプロジェクトの負荷が減り、快適に曲作りを続行できます。

インストゥルメント／オーディオトラックでは、トラックを選択した状態で直接フリーズボタンをクリックしてフリーズする

■グループチャンネルトラック

　いくつかのトラックをまとめて操作するためのトラックです。たとえば、ドラムの各パーツを独立して作成し、まとめて音量を操作したりエフェクト処理したりするときなどに使います。

キックやスネアなど、個別に音量調整やエフェクト処理するためにトラックを分けたドラムを、「Drums」という1つのグループチャンネルトラックにまとめ、ドラム全体の音量やエフェクト処理を共有して操作できます。

各パーツの信号が
「Drums Group」のグループチャンネル
トラックでまとめられる

グループチャンネルトラック

■コードトラック

　コードを記録するトラックです。コード名を入力すると、その構成音を鳴らしたり、データとして出力したりすることもできます。

コードの知識がなくても、コードネームさえ入力すれば、曲作りに生かすことができます。

■その他のトラック

　上記以外にもビデオを読み込む「ビデオトラック（要・QuickTime）」、トラックそのものをフォルダーに入れて管理する「フォルダートラック」、マーカーを入力して曲のセクションを管理する「マーカートラック」、小節や拍、または時間を表示する「ルーラートラック」などが用意されています。

データそのものを入力するトラックだけではなく、大規模なプロジェクトや曲の管理をおこなう、いわば縁の下の力持ち的なトラックが用意されています。

演奏（MIDI）データやオーディオデータを収納する
「イベント」

　Cubaseでは、音を鳴らすためのデータや録音したオーディオデータを「イベント」というかたまりで収納し再生します。イベントはドラッグして移動したりコピー＆ペーストしたりできるので、効率的に曲の構成を構築できます。

オーディオトラックのイベントには波形が、インストゥルメント／MIDIトラックのイベントには音の高さや長さを表すブロックが表示されています。

幅広いジャンルに対応する
「VSTインストゥルメント」

ソフトウェア音源

　ロック、ジャズ、ポップス、クラシックやダンスなど、幅広いジャンルに対応する185音色を内蔵したVSTインストゥルメント「HALion Sonic」が付属しています。しかも1つのHALion Sonicで最大16パートまで使用可能なので、大編成の曲にも余裕で対応します。

　また、ドラムサウンドに特化し、グルーヴィーなプリセットパターンが内蔵されたVSTインストゥルメント「Groove Agent SE」も付属しています。

HALion Sonicの各パートに、必要な音色を読み込み、インストゥルメント／MIDIトラックをアサインして、いざ曲作りの開始！

選択した音色

ドラム専用音源「Groove Agent SE」

パッドとドラムのイラストが連動しており、パーツの確認が容易にできる

入力から編集までをサポートする
「MIDI エディター」

ドラムのデータ作成に特化したドラムエディター、縦に並べた鍵盤で音の高さを確認して入力できるキーエディター、そして楽譜に音符を入力するスコアエディターが用意され、使う人の好みにあわせて MIDI データ入力がおこなえます。

キーエディター
鍵盤での確認はもちろん、縦幅を拡大することで音名も表示されるので、音の高さがすぐわかる。

ドラムエディター
キックやスネアなど、よく使うパーツがまとめられているので、入力／編集がスピーディーにおこなえる。

スコアエディター
いわゆる譜面で入力／編集するスコアエディター。印刷も可能です。

スコアエディターの詳しい使い方については、Chapter 11「刷新されたスコアエディターで楽譜を作ろう」（285 ページ）をご覧ください。

微調整から、綿密な編集までをこなす
「オーディオ編集機能」

　ボリュームの上下やフェードイン／アウトなどの簡易的な調整は、オーディオトラックのイベントにあるラインをドラッグして簡単に調整できます。その他にも、波形を書き換える編集も可能。

　また、オーディオ専用の編集ウィンドウ「サンプルエディター」を使えば、オーディオに関するさまざまなコマンドで納得のいく編集がおこなえます。

フェードインもドラッグだけで、すばやく調整可能です。

本格的な編集は、専用のサンプルエディターでおこないます。

プログレードの「ミキサー」

レコーディングスタジオに常設されているプロ対応のものと同等のミキサーを装備しています。ミキサーの基本的操作である音量、左右の音の位置を決めるパンニングをはじめ、イコライザー、コンプレッサーといったエフェクトなど、音作りに欠かせない機能も標準装備しています。

視認性に優れ、編集もイメージどおりにできる音作りの肝・ミキサー。

入力チャンネル / トラックチャンネル / ステレオアウトチャンネル

音作りに欠かせない
「オーディオエフェクト」

トラックに装備されたイコライザー、コンプレッサーの他にも、ディレイ、リバーブなどレコーディングからミックスに欠かせないエフェクトが用意されています。

EQ でトラックの音質調整、そしてリバーブなどの空間系エフェクト、ダイナミクスエフェクトであるコンプレッサーなどでトラックを仕上げていきます。

トラックにデフォルトでアサインされている EQ（イコライザー）

使いたいエフェクトを自由にアサインできる「Inserts」

MonoDelay

Tremolo

RoomWorks SE

VSTDynamics

※ 上記は内蔵エフェクトの一例です

すばやいトラック制作を可能にする

「MediaBay」
「Loop/Sound ブラウザー」

ドラムパターンや楽器特有の1～数小節からなる演奏パターンである付属の「Loop（ループ）」を検索する「Loop ブラウザー」、目的の音色を検索する「Sound ブラウザー」、そしてこの2つのブラウザーを統合した「Media Bay」で、湧いたイメージを逃さず、すぐに制作にかかれます。

現在の音楽制作では素材選びが曲作りの決め手。コンテンツがたくさん、しかも検索しやすい形で用意されているのがうれしいところ。曲を再生させながら試聴することもできます。

楽器やタイプなどから
目的のループを絞りこむ
「フィルター」

ループファイルを
表示／選択する
「結果」

選択したループの波形を表示する
「プレビュー」

幅広いメディアに対応する
「読み込み／書き出し」機能

　オーディオCDに対応するWaveファイル（Windows）、AIFFファイル（Mac）をはじめ、ポータブルメディアで多く使われるMP3（MPEG1 Layer3。非可逆圧縮〔もとの音質に戻せない圧縮〕ファイル）、FLAC（Free Lossless Audio Codec、可逆圧縮〔もとの音質に戻せる圧縮〕ファイル）など、幅広いファイル形式に書き出すことができます。

　また、既存のオーディオファイルやオーディオCDからの読み込みもでき、曲の素材として利用したり、リミックスを作成したりする目的で利用できます。

音楽制作での使用はもちろん、さまざまなメディアで扱えるようにする「変換ツール」としても使えます。

オーディオCDをパソコンのドライブに入れ、直接プロジェクトへ読み込むことができます。

メロディと歌詞を打ち込むだけで歌ってくれる
「ボーカロイド」との連携

　ボーカロイドがバージョン6になり、AIボイスに対応したことでより人間らしい歌い方ができるようになりました。しかもCubaseと連携させれば、伴奏データと並行して歌声も編集できます。

　本書では、メロディをMIDIデータに変換して、そのデータをボーカロイドに読み込ませる方法と、ゼロからボーカロイドに入力する方法を紹介しています。

> **注意!!**
> ボーカロイドシリーズは、Cubaseシリーズには含まれておりません。Cubaseシリーズ内でボーカロイドを使用するには、VOCALOID 6 を別途購入してインストールする必要があります。

　バックトラックを作りながらボーカロイドのパートも同時に作っていくというボカロPは、VOCALOID 6 を購入すれば、Cubaseでのバックトラックと併用することにより、最終形をしっかりとイメージしながら制作できるようになりました。

FOR
WINDOWS
MAC

基礎からわかる
Cubase AI 14/LE 14
コードトラックや付属ループで
カンタン音楽づくり

目黒真二

Stylenote

CONTENTS

図解 コレが Cubase AI/LE 14 だ!

演奏や情報を記録したり機能を割り当てたりする「トラック」 ························ *ii*

演奏（MIDI）データやオーディオデータを収納する「イベント」 ···················· *vii*

ソフトウェア音源 ·· *viii*

幅広いジャンルに対応する「VSTインストゥルメント」 ··························· *viii*

入力から編集までをサポートする「MIDIエディター」 ···························· *ix*

微調整から、綿密な編集までをこなす「オーディオ編集機能」 ················· *x*

プログレードの「ミキサー」 ·· *xi*

音作りに欠かせない「オーディオエフェクト」 ··· *xii*

すばやいトラック制作を可能にする「MediaBay」「Loop/Soundブラウザー」 ··········· *xiii*

幅広いメディアに対応する「読み込み／書き出し」機能 ························· *xiv*

メロディと歌詞を打ち込むだけで歌ってくれる「ボーカロイド」との連携 ·········· *xv*

はじめに ··· 22

本書について ··· 22

Chapter 1

Cubase を使うための設定
～起動とプロジェクト／デバイス設定

パソコンと各機器の接続 ··· 28

Cubaseの起動とプロジェクトの作成 ·· 29

プロジェクトの設定 ··· 31

オーディオデバイスの設定 ··· 32

MIDIポートの設定 ··· 37

オーディオコネクション設定 ·· 39

音を鳴らしてみよう ··· 43

Chapter 2

Cubase をマスターするために
～ Cubase のウィンドウ構成と基本操作

Cubaseのプロジェクトウィンドウの構造 ·· 46

ツールの選択 ··· 48

イベントを適正な位置に作成または移動するスナップ設定 ········· 49

新規トラックの作成 ··· 50

新規イベントの作成 ··· 52

複数のデータ／イベントの選択 ··· 53

プロジェクト／エディター内の拡大と縮小 ······································· 54

ウィンドウのスクロール ··· 55

コピー＆ペースト（コピペ）·· 56

複製 ·· 58

選択した音色を確認する方法 ·· 59

再生などトランスポートの操作 ··· 61

MIDIエディターの表示 ·· 63

サンプルエディターの表示 ··· 66

クオンタイズプリセット ··· 67

クオンタイズ ·· 68

MediaBay ／ Loopブラウザー／ Soundブラウザーの表示 ··············· 69

サイクル再生 ·· 71

メトロノームとテンポの設定 ·· 72

元に戻す（アンドゥ）／再実行（リドゥ）··· 73

プロジェクトの保存 ··· 74

プロジェクトを閉じる ·· 76

プロジェクトを開く ··· 77

Chapter 3

コードトラックを使って簡単！ 伴奏作り

コードトラックの準備 ·· 80

コードを入力する ·· 83

コードの音を鳴らす ··· 87

コードトラックをエレピのパートに変換する ···································· 92

エレピのパートからベース・パートを作成する ·································· 94

ギター・パートの作成 ·· 101

トラックの名前をパート名に変更する ··· 104

保存 ·· 105

　応　用　コードパッドを曲作りに活用しよう！··································· 106

Chapter 4

付属のループファイルでドラム・パートを作成しよう

ドラム・パートをループで作成する ·· 116

　応　用　ドラムエディターで思いどおりのドラムパターンを作成する ················ 124

　コラム　あれ？　プロジェクトを開いたら、いつもと画面が違う……？ ················ 136

Chapter 5

メロディを入力しよう①
～リアルタイム入力編

メロディの入力をはじめる前に ·· 138

入力前の準備 ··· 139

リアルタイム入力の実践 ·· 141

入力したMIDIデータの編集方法 ··· 145

Chapter 6

メロディを入力しよう②
～ステップ入力編

ステップ入力の準備 ·· 158

ステップ入力の実践 ·· 161

　応　用　入力したメロディをボーカロイドに歌わせる ·································· 168

　コラム　あれ？　さっきまで作っていたプロジェクトが反応しない？ ················ 179

Chapter 7

メロディを入力しよう③
～オーディオ録音編

エレキギター録音編 ·· 182

ボーカル録音編 ··· 190

　応　用　シンセサイザーなどのライン楽器をステレオで録音する方法 ·············· 196

Chapter 8

オーディオデータの編集

オーディオデータのタイミングを修正する ·· 200

イベントの状態でオーディオデータを編集する ·· 202

オーディオデータのテンポを変更する ··· 205

サンプルエディターを開いてオーディオデータを編集する ···································· 207

Chapter 9

ミックスでカッコいいサウンドに仕上げる
～ミックスから書き出しまで

ミキサーを理解する ································· 223

ミックスの準備 ····································· 228

ミックスの実践その1・パン ······················ 234

ミックスの実践その2・ボリューム ················· 236

ミックスの実践その3・エフェクト ················· 239

ミックスの実践その4・仕上げ ····················· 248

書き出し ·· 249

すばやい書き出し範囲の設定方法 ··················· 255

コラム 非録音時のMIDI入力データ記録 ········· 256

Chapter 10

制作のヒント

独自のキーボードショーカットをアサインして快適に操作しよう！ ······ 258

トラックが多くなったらグループチャンネルトラックでまとめよう！ ····· 261

動きが重い！　止まってしまう！　そんなときにはフリーズトラックを ····· 268

移調してキーをあわせよう！ ······················ 274

オートメーションを使って躍動的なミックスを！ ····· 278

Chapter 11

刷新されたスコアエディターで楽譜を作ろう

曲全体のスコアを見てみる ························· 286

特定のパート（トラック）を編集する ··············· 289

パート名の編集 ···································· 295

歌詞を入力する ···································· 297

パートの順番の変更 ································ 299

新規に音符を入力する ····························· 300

ページビューで体裁を見る ························· 308

印刷/書き出し ····································· 309

INDEX ··· 313

Cubaseは、Steinberg Media Technologies GmbHの登録商標です。

Windows および Windows ロゴは、Microsoft Corporation の米国および、その他の国における商標または登録商標です。

Apple、Mac、Mac OS等は、米国および他の国々で登録されたApple Inc.の商標です。

その他の会社名、製品名、サービス名などは各社の商標または登録商標です。

はじめに

Cubase AI と Cubase LE は、プロのクリエイターたちにも人気のある DAW ソフト、Cubase シリーズの中で機能の限定されたグレードです。Cubase AI/LE を単体で購入することはできませんが、オーディオインターフェースやミキサーなど、ハードウェアを購入すると付属しています。Cubase AI/LE が付属しているのでそのハードウェアを購入したという方もいれば、たまたま購入したハードウェアに Cubase AI/LE がついていた、という方もいらっしゃるでしょう。そんな Cubase AI/LE を使って、すぐに曲作りができるように解説したのが本書です。

「無料でついてくる」「機能限定グレード」とはいえ、さすが Cubase シリーズ、その機能は優秀です。Cubase シリーズ特有の機能「コードトラック」や付属しているドラムの演奏データ「ループファイル」を使えば、簡単に伴奏データが作成できます。さらにメロディを MIDI やオーディオなどで入力し、エフェクトをかけバランスを取り、オーディオデータに書き出すという、DAW で必要となる一連の基本操作が可能です。本書ではこういった DAW での音楽制作の流れをていねいに説明するように心がけました。

また、メロディを別売りの「VOCALOID 6」を使用して入力する手順についても解説しているので、ボカロファンの方にも楽しんでいただけるはずです。

本書では、Cubase AI を例に説明していますが、Cubase LE はもちろん、さらに上位グレードの Cubase Pro、Cubase Artist、Cubase Elements でも、同様の手順で操作できるので参考にしてください。

なお、本書は大変ご好評をいただいた前著『基礎からわかる Cubase AI 13/LE 13』をもとに加筆修正したものです。メニュー名や画面の変更に対応しただけではなく、今回のバージョンアップで強化されたスコア機能についても詳しく解説しています。スコア機能はグレードに関係なく共通の機能になっているので、上位グレード（Pro/Artist/Essential）をお使いの方にも役立つはずです。

本書について

■ウィンドウの操作ついて

Cubase に限らず、パソコンで音楽制作をおこなう際は、画面上にさまざまなウィンドウを開いて作業します。

たとえば、Loop ブラウザー（116 ページ）でループを選択して、プロジェクトのトラックに貼り、その音にエフェクトを加えながら再生する、とパソコンの画面が開いたウィンドウでいっぱいになり、肝心のトラックが見えなくなったり、操作したいウィンドウ自体が隠れ

てどこにいったのかわからなくなってしまったりします。

　本書では、なるべくみなさんの環境と同じように作業をし、説明のために取り上げる図もそれに準ずるように構成していますが、同じように操作しているのに、「あれ？　さっきと画面が違う？」「同じように操作しているけど、ここで説明されているウィンドウが見あたらない……」ということがあるかもしれません。

　これは、操作のメインとなるウィンドウを前面に出すために、他のウィンドウが自動的に隠れてしまったり、手動で必要のないウィンドウをドラッグして端に寄せたりしているからです。

　こういった操作や解説をむやみに本文の中に入れると煩（わずら）わしいだけではなく、手順が増え、せっかく説明したいことがあやふやになってしまいます。

　そこで「暗黙の了解」として、必要なウィンドウは、そのつど、下記の方法で画面上に表示してください。

トランスポートパネル

　プロジェクトウィンドウにもトランスポートが表示されていますが、そちらを操作するとウィンドウが切り替わることがあるので、「開始（再生）」は独立して操作できる「トランスポートパネル」を使うか、テンキーによるショートカットを活用しましょう。

トランスポートパネル

隠れてしまったウィンドウを探す

　「ウィンドウ」メニューに、有効なウィンドウやパネルが表示されます。たとえば、Loopブラウザーが隠れてしまった、というようなときには、「ウィンドウ」メニューをクリックしてメニューから「Loop ブラウザー」をクリックすると、前面に表示されます。

本書について　23

画面の端にドラッグしている場合

　無意識にパソコン画面の端にドラッグしてしまい、どこに行ったかわからなくなることがあります。人によって傾向が違いますが、右下に寄せる傾向があるようです。「ウィンドウ」メニューでクリックしても出てこないときには、パソコン画面の右下に注目しましょう。

絶対に隠れない設定

　VST インストゥルメントやブラウザーなどでは、「常に前面に表示」という設定があります。これが有効になっていると、他のウィンドウに切り替えてもそのまま最前面に表示され、隠れません。ウィンドウ上部の黒いエリアを右クリックして設定します。状況にあわせて設定してください。

■Windows と Mac の操作の違いについて

　Cubase シリーズは、Windows 版と Mac 版の両方が用意されていますが、本書では、Windows 版を例に説明しています。

　Windows 版と Mac 版では画面やパソコンのキーボード操作など、一部異なる場合があります。特にパソコンのキーボード操作では、Ctrl キーを⌘キー、Alt キーを option キーなどに読み替えて操作してください。

　詳細は、ソフトに付属のマニュアルなどでご確認ください。

Windows11をお使いの方へ

　Windows11では、デフォルト（購入した状態）で、画面の拡大率が「推奨」として150％に設定されているモデルが存在しています。フォルダやメニューの文字が大きく表示され見やすいのですが、Cubaseシリーズをお使いになる場合、画面が大きくなりすぎて、一部の機能が見えなくなる症状が出ます。たとえば、付属のソフトシンセサイザー Halion Sonic の音色確認用の鍵盤が表示されなくなります。

　このようなことを防ぐために、本書では画面の拡大率を100％に設定した状態で解説しています。

　画面の拡大率の設定は、デスクトップの何もないところで右クリックし、表示されるメニューから「ディスプレイ設定」→「拡大 / 縮小」でおこないます。

何もないところを右クリック

本書について　　25

Chapter 1

Cubase を使うための設定
～起動とプロジェクト／デバイス設定

この Chapter では、Cubase を使うための準備として、
Cubase を起動し、プロジェクト（曲のファイル）の設定、
そして使用するオーディオ／MIDI の設定をおこないます。

パソコンと各機器の接続

パソコンと各機器の接続はこのようになります(実線は本書で使用した接続方法、点線は可能な接続方法を表しています)。

パソコンを使った音楽制作では、音楽制作専用のオーディオインターフェースを接続して使います。これには3つの理由があります。1つ目は、録音の際に楽器やマイクの入力レベルを適正にするためです。2つ目は、録音の際に自分の声や演奏のモニター音が実際に聞こえるまでの時間、またMIDIキーボードを弾いてからVSTインストゥルメントの音が聞こえるまでの時間(これらの時間のずれを「レイテンシー」という)をできるだけ少なくするためです。3つ目は、コンデンサーマイクに必要な「ファンタム電源」を供給するためです。

本書ではCubaseと同じメーカー Steinberg社のUSB接続のオーディオインターフェース、「UR22C」を使用して説明しています。メーカーやモデルが異なるオーディオインターフェースをお使いの方は、それぞれ読み替えて操作してください。

Cubaseの起動と
プロジェクトの作成

手順

1 「Cubase 14」のショートカットアイコン（①）をダブルクリックするか、「スタート」メニュー（②）→「すべて」（③）→「Steinberg Cubase 14」（④）→「Cubase 14」（⑤）の順にクリックします。

①Cubase 14 の
　ショートカットアイコン

> **ヒント**
> メニューやショートカットアイコンにグレードは表示されませんが、実際に起動するのはライセンスのあるグレードになります。

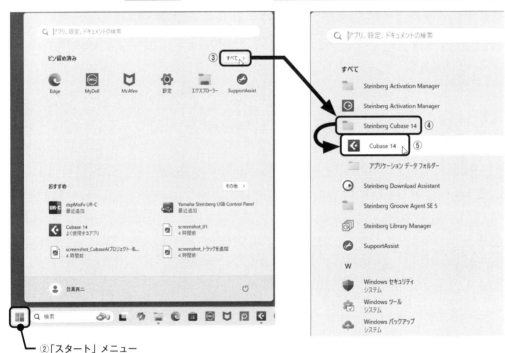

②「スタート」メニュー

2 「steinberg hub」が開きます。右側の「プロジェクト」欄には、あらかじめ用意されたプロジェクトのテンプレートや、最近使用したプロジェクトなどが表示されます（次ページ図参照）。

> **ヒント**
> Cubaseでは曲のファイルのことを「プロジェクト」と呼びます。

ここでは「その他」（次ページ図⑥）から、トラックなどが何も設定されていない「Empty」（次ページ図⑦）を選択します。

Chapter 1　Cubaseを使うための設定　29

そして一番下の項目では保存先を選択します。デフォルトでは「プロジェクトの場所を表示」が選択されていますが、ドキュメントフォルダーにある Cubase AI 用のフォルダーに保存するために「規定の場所を使用」（次ページ図⑧）にチェックを入れてから「空白のプロジェクトを作成」（次ページ図⑨）をクリックします。

プロジェクトが空の状態で開きます。

プロジェクトの設定

これから作る曲のために、プロジェクトの設定を確認しておきます。

手順

1. 「プロジェクト」メニューから「プロジェクト設定」（①）をクリックします。
2. 「プロジェクト設定」ウィンドウが開きます。ここではオーディオCDを作成することを前提として、オーディオCDと同じフォーマットである「サンプリングレート」＝「44.100kHz」、「ビット解像度」＝「16 Bit」、「録音ファイル形式」＝「Waveファイル」（Windowsの場合。Macの場合は「AIFFファイル」）にします。（②）。

CDフォーマットにする、あるいは特定のファイルフォーマットに変更する際には、項目にある「▼」をクリックしてメニューから該当する項目を選択します。

3 プロジェクトの設定と確認がすんだら「OK」をクリックします。

オーディオデバイスの設定

　Cubaseでのオーディオ入出力の設定をおこないます。「音が出ない」「録音できない」という場合の原因のほとんどが、このオーディオ設定、接続の不備によるものです。しっかりと設定、また確認しておきましょう。

■オーディオデバイスの設定

　Cubaseでオーディオの入出力をするためのオーディオインターフェースを指定します。

> **ヒント**
> 起動の際のダイアログですでにオーディオインターフェースの設定がすんでいる方も、オーディオに関する他の設定があるので、このまま続けてください。

手順

1 「スタジオ」メニューから「スタジオ設定」をクリックします（①）。

2 「スタジオ設定」ウィンドウが開くので、「デバイス」欄の「オーディオシステム」（②）をクリックします。

3 右側の「オーディオシステム」で「ASIOドライバー」（③）の欄を確認します。

①「スタジオ設定」

　ここでは、Steinberg UR22Cのドライバーである「Yamaha Steinberg USB ASIO」が選択されていることを確認します。

他のドライバーが選択されている場合には、「▼」（④）をクリックして、メニューから該当するオーディオインターフェースのドライバーを選択します。

別のドライバーを選択すると、「ASIO ドライバーを切り換えますか？」というメッセージが表示されます。「切り換え」（⑤）をクリックします。

4 左側の「デバイス」欄で「オーディオシステム」下の「Yamaha Steinberg USB ASIO」（⑥）をクリックすると、右側が「Yamaha Steinberg USB ASIO」になります（⑦）。
オーディオインターフェースの入力（イン）と出力（アウト）の状況が表示されます。
ここでは、UR22C のデフォルトの状態が表示されています。

本書で使用するUR22Cには入力端子が2つ装備されているので、「イン」として「UR22C Input 1」と「UR22C Input 2」が表示されています。出力はL（左）、R（右）のステレオで2つ装備されており、「アウト」として「UR22C Mix L」と「UR22C Mix R」が表示されています。

ここで「状況」の欄を見ると、「イン」の「UR22C Input 1」と「UR22C Input 2」、これはUR22Cのインプットで「アクティブ」、つまり有効になっていて使える状態です。アウトの「UR22C Mix L」と「UR22C Mix R」も「アクティブ」で使える状態になっています。

ヒント
「表示」にチェックが入っているのは、表示が有効になっているということです。チェックをはずすとCubase上で表示されなくなるので、必ずチェックが入った状態にしておきます。

ヒント
「UR22C Streaming」のLRは配信時に使用します。本書では使用しません。

本書で使用しているURシリーズのオーディオインターフェースにはいくつかのモデルがあり、インプット数も2から8までさまざまです。ただし、本書で使用しているUR22Cのインプット数は2なので、本書では基本的にインプット数を2として解説していきます。

■オーディオインターフェースの詳細設定

オーディオインターフェース本体の設定をおこないます。なお、ここでの操作は本書で使用しているSteinberg UR22Cを例に解説しています。メーカーやモデルによりウィンドウが異なる場合があります。くわしくはお使いのオーディオインターフェースのマニュアルなどをご覧ください。

「スタジオ設定」ウィンドウで「コントロールパネル」のボタンをクリックすると、「ASIO」タブが開いた状態で、「Yamaha Steinberg USB Driver」ウィンドウが開きます。

34

「ASIO」タブ

「Device」

「オーディオシステム」で選択したオーディオインターフェースが選択されています。上記「Yamaha Steinberg USB ASIO」というドライバーで動作するオーディオインターフェースが複数接続されているときのみ選択／変更できるようになっています。

「Buffer Size」

演奏した音、または歌った声がパソコンに入ってから実際にヘッドホンやスピーカーから聞こえるまでの時間（レイテンシー）を調整します。数値が低いほど遅れがなくなるので演奏や歌に違和感はなくなりますが、低くしすぎるとパソコンが不安定になることがあります。まずはデフォルトの「512」からはじめ、徐々に低くして演奏しやすい（歌いやすい）値を探すとよいでしょう。

「Input Latency」、「Output Latency」

「Buffer Size」で設定されたサンプル数による、入力時と出力時のLatency（レイテンシー）がミリセコンドの単位で表示されます。

> **ヒント**
> 「Latency（レイテンシー）」とは、上記「Buffer Size」の設定により生じる音の遅れです。実際には「Input Latency」と「Output Latency」を合算した時間分、音が遅れて聞こえます。

「Mode」

最新のドライバーから追加された機能で、ドライバーの動作を「Low Latency（低レーテンシー）」「Standard（スタンダード）」「Stable（安定）」から選択できます。上記のBuffer Sizeが同じ値でも「Low Latency」「Standard」「Stable」の順に

レイテンシーは短くなります。最初はStandardから試してみて、もっと遅れを短くしたいときには「Low Latency」を、もっと安定させたければ「Stable」を選択してみてください。

「Steinberg UR22C」タブ

このタブ名は、選択されているオーディオインターフェースによって異なります。

「Sample Rate」

録音をおこなう際のオーディオのサンプルレートを設定します。ただし、これは本 Chapter の**「プロジェクトの設定」**（31 ページ）で説明した「プロジェクト設定」ウィンドウの「サンプリングレート」の値が自動的に選択され、「44.1kHz」になっています。この項目を変更する際には、あらかじめ「プロジェクト設定」ウィンドウで「サンプリングレート」を変更しておきます。

> **ヒント**
>
> このウィンドウでサンプリングレートを変更しようとすると、次のようなウィンドウが表示されます。これは、プロジェクトとオーディオインターフェースのサンプリングレートが異なると、思いどおりの音で再生できなかったり、テンポがあわなかったりすることがあるためです。
> このウィンドウが表示されたら、「プロジェクトの設定を合わせる」をクリックして、プロジェクトのサンプリングレートを変更した値にあわせておきましょう。

「プロジェクトの設定を合わせる」

「About」タブ

ドライバーのバージョンなどの情報が表示されます。ドライバー更新などの参考にしてください。

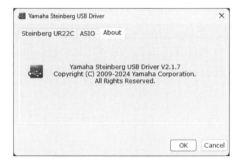

設定と確認がすんだら、「OK」をクリックして「Yamaha Steinberg USB Driver」ウィンドウを閉じ、「スタジオ設定」ウィンドウに戻ります。

MIDI ポートの設定

MIDI ポートでは、Cubase に演奏情報（MIDI データ）を入力する入力用キーボード（鍵盤）の入出力の設定をおこないます。

入力用キーボードがなくても、マウスや Cubase 独自の機能「オンスクリーンキーボード」を使えば MIDI データの入力はおこなえます。ただ、鍵盤演奏がある程度できるなら、入力用キーボードを使ったほうが、リアルタイム入力やキーボードステップ入力を利用してスピーディーに入力することができます。また、鍵盤演奏が得意でなくても、音色を選択する際の確認作業などにも重宝します。できるだけ用意したほうがいいでしょう。

ヒント

入力用キーボードのことを特に「MIDI キーボード」と呼ぶことがあります。以前の入力用キーボードには必ず MIDI 端子が装備されていたのが理由です。現在では USB 経由の接続が主流のため、MIDI 端子を装備していない入力用キーボードもありますが、本書では「MIDI キーボード」と呼びます。

■MIDI キーボードの接続方法

MIDI キーボードとパソコンを接続して入力に使うためには、次の 3 つの接続方法があります。

1) USB ケーブルでパソコンと直接接続する
2) MIDI ケーブルで USB-MIDI インターフェース経由でパソコンと接続する
3) MIDI ケーブルで、MIDI インターフェース機能をもったオーディオインターフェース（ここでは UR22C）経由でパソコンと接続する

本書では、上記 3) UR22C の MIDI IN に MIDI キーボードを接続する例で解説します。

Chapter 1　Cubase を使うための設定　　37

■入力（MIDI イン）の設定

手順

1 「デバイス」欄の「MIDI ポートの設定」（①）をクリックすると、右側に「MIDI ポートの設定」が表示されます。

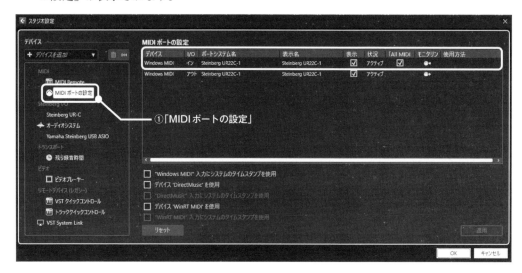

「I/O（イン／アウト）」に「イン」と表示されている欄で、「ポートシステム名」には本書で使用している MIDI インターフェース機能をもったオーディオインターフェース「Steinberg UR22C-1」が表示され、「表示」が「✓」、「状況」が「アクティブ」、右端の「All MIDI In（puts）」が「✓」となっているのを確認します。

ヒント

All MIDI In（puts）とは
本書の例では、MIDI 入力用に接続されているのは、UR22C の MIDI IN に接続されている MIDI キーボード1つのみですが（28 ページ図参照）、複数の MIDI 機器を使って MIDI 入力をおこなうこともあります。MIDI 入力の際に、トラックごとに MIDI 機器を切り替えることもできますが、通常はすべての MIDI 機器を有効にしておき、どの MIDI 機器を操作しても入力がおこなえるようにしておいたほうが便利です。この「All MIDI In」が有効になっていると、トラックでの入力の際、特に選択しなくても、接続されているどの MIDI 機器でも入力できます。デフォルトでは、すべての入力機器の「All MIDI In」が有効になっているのでそのままにしておきましょう。（実際には、MIDI／インストゥルメントトラックを作成する際に、MIDI 入力を設定する項目があります。）

USB で MIDI キーボードと接続している場合、USB-MIDI ドライバーがインストールされていれば、「ポートシステム名」に接続している MIDI キーボードの名前やドライバー名が表示され、「表示」、「状況」、「All MIDI In（puts）」欄がそれぞれ「×」、「アクティブ」、「✓」となります。

2 確認できたら「OK」をクリックして「スタジオ設定」ウィンドウを閉じます。

オーディオコネクション設定

32ページ「**オーディオデバイスの設定**」の項で有効にした UR22C のインやアウトのポートを、Cubase と接続するための設定です。

■「オーディオコネクション」を開く

「スタジオ」メニューから「オーディオコネクション」をクリックします。

「オーディオコネクション」ウィンドウが開きます。このウィンドウの「入力」、「出力」タブで入出力を設定します。

「オーディオコネクション」

ヒント

「オーディオデバイス」欄に使用しているオーディオインターフェースと違う名前が表示されている、あるいは「未接続」と表示されている場合には、「オーディオデバイス」欄をクリックして、お使いのオーディオインターフェースを選択します。

■「入力」タブの設定

「入力」タブでは、入力に関する設定をします。

Steinberg UR22Cを接続し、32ページ**「オーディオデバイスの設定」**で入力1、2が有効になっている状態では、以下のような設定になっています。

「バス名」=「Stereo In」
「スピーカー」=「Stereo」
「オーディオデバイス」
 =「Yamaha Steinberg USB ASIO」
「デバイスポート」
 =「UR22C Input 1」「UR22C Input 2」

> **ヒント**
> 「バス」とは、ここでは「信号が通る道」という意味です。

> **ヒント**
> 「スピーカー」は、何かのスピーカーを指定することではなく、「Stereo」なら左右のスピーカーから音が鳴るということで「LR」が、「Mono」なら1つのスピーカーからのみ音が鳴るので「Mono」の「M」が表示されます。

これは、UR22CのInput 1、2が、ステレオのペアの状態でCubaseに接続されているということになります。

モノラルの入力バスを追加する

録音や再生のときの信号には「ステレオ」と「モノラル」という2つの種類があります。「ステレオ」は、広がり感を出すために左右のスピーカーからそれぞれ独立した形で聞こえる2つの信号なのに対し、「モノラル」は1つの信号のみになります。ギターやボーカルなどのオーディオ信号は、モノラルで録音することがほとんどです。

現在、UR22C前面の2つのインプットは、Cubase上ではステレオのペアとして設定されています。このままどちらかのインプットに、たとえばギターを接続して録音すると、場合によってはステレオの片側にのみ録音されてしまい、再生するとスピーカーの片側からしか聞こえない、ということがあります。そういうことがないよう、インプットの1と2をそれぞれ独立したモノラルとして入力できるように設定します。

手順

1「オーディオコネクション」ウィンドウ、左上の「バスを追加」(①) をクリックします。
2「入力バスを追加」ウィンドウが開きます。ここではモノラルの入力を2つ追加します。

3 「数」欄（②）の「▲」をクリックして「2」にします。
4 「構成」欄（③）の「▼」をクリックしてメニューから「モノラル」を選択します。
5 「OK」（④）をクリックします。

> **ヒント**
> 「名前」欄は特に必要がなければ何も入力する必要はありません。空欄にしておくと「モノラル1」「モノラル2」と表示されます。

すると「入力バスを追加」ウィンドウが閉じ、「オーディオコネクション」ウィンドウの「バス名」に「モノラル In」と「モノラル In 2」が追加されます（⑤）。

6 モノラルの入力が2つ追加されましたが、どちらも配信用のドライバーである「UR22C Streaming」になっているので、通常のインプットに変更します。
項目をクリックして、メニューからそれぞれ「UR22C Input 1」「UR22C Input 2」を選択します。

Chapter 1　Cubase を使うための設定　41

■「出力タブ」の設定

「出力」タブをクリックすると、出力に関する設定ウィンドウになります。

Steinberg UR22C を接続しているとデフォルトでは、以下のような設定になっています。

「バス名」=「Stereo Out」
「スピーカー」=「ステレオ」
「オーディオデバイス」=「Yamaha Steinberg USB ASIO」
「デバイスポート」=「UR22C Mix L」「UR22C Mix R」

使用しているオーディオインターフェースと違う名前、あるいは「未接続」と表示されている場合には、「オーディオデバイス」欄のデバイス名をクリックして、お使いのオーディオインターフェースを選択します。

これで、Cubase からの音は、オーディオインターフェース(ここでは Steinberg UR22C)の出力である「LINE OUTPUT(背面の出力)」、「PHONES(前面のヘッドホン)」から出力されます。

各種設定がすんだら、「×（閉じる）」をクリックして「オーディオコネクション」ウィンドウを閉じます。

「閉じる」

ヒント
Cubaseでは、「OK」などの項目がないウィンドウでは、右上の「×」ボタンをクリックしてウィンドウを閉じます。

音を鳴らしてみよう

接続、設定がすんだところで、Cubaseで音が鳴るかどうかをチェックします。ここでは、メトロノーム（クリック）音を使ってチェックします。

音を鳴らす際のチェックポイント

・各機器のドライバーがインストールされているか
・「スタジオ設定」「オーディオコネクション」が正しく設定されているか
・各機器が正しく接続されているか
・再生装置の電源が入っているか

ヒント
いきなり大きな音が出て耳や再生装置を傷めないよう、ボリュームは最小にしておき、音を鳴らしてから徐々に大きくするようにしましょう。

■クリック（メトロノーム）音

デフォルトでは 4/4 拍子で 1 拍ずつクリック音が鳴ります。

手順

1 プロジェクトウィンドウの右下にある「メトロノームクリックを有効化」アイコン（①）をクリックしてオン（白く点灯した状態）にします。

①「メトロノームクリックを有効化」

2 トランスポートパネルの「開始（再生）」ボタン（②）をクリックしてプロジェクトを再生します。

3 音が鳴るのを確認したら、トランスポートパネルの「停止」ボタン（③）をクリックしてプロジェクトを停止します。

ヒント

トランスポートパネルが表示されていないときには、「トランスポート」メニューの「トランスポートパネル」をクリックします。トランスポートパネルの詳細については、**Chapter 2「再生などトランスポートの操作」**（61 ページ）も参考にしてください。

③「停止」ボタン　　②「開始（再生）」ボタン

　音が鳴らない場合には、前項**「音を鳴らす際のチェックポイント」**を確認し、さらに本 Chapter に沿って各設定を見なおしてみてください。

Chapter 2

Cubase を
マスターするために
〜 Cubase のウィンドウ構成と基本操作

Cubase での操作をはじめる前に、Cubase の構成や
基本的な操作を学びましょう。各 Chapter の操作で、こ
の Chapter を参照することもあるので、熟読しておくこ
とをお勧めします。すでに Cubase の基本操作を理解し
ており、早く曲作りがしたいという方は、次の Chapter
3 へお進みください。

Cubaseのプロジェクトウィンドウの構造

Cubaseの操作の大半を占めるプロジェクトウィンドウには、大きく分けて4つのゾーンがあります。

左ゾーン

トラックの入出力やエフェクトのアサインなど、トラックに関する詳細や情報を表示するゾーンです。

トラックリストゾーン

オーディオやインストゥルメントトラックを作成し操作するゾーンです。

右ゾーン

使用している VST インストゥルメント、付属のコンテンツをブラウザー表示する MediaBay を表示します。

注：LE には VSTi タブがありませんが、本書での操作では問題ありません。

プロジェクトゾーン

オーディオや MIDI など、さまざまなデータを入力／配置するゾーンです。デフォルトで上部に数字が表示されていますが、これは小節数です。

ヒント

Cubase 9 シリーズから、プロジェクトゾーンの下に「下ゾーン」と呼ばれるエディターなどを表示する機能が加わりました。本書では、「コードパッド」という機能（106 ページ「**コードパッドを曲作りに活用しよう！**」参照）でのみ使用しています。

ツールの選択

作業中はひんぱんにツールを持ち替えます。ツールの持ち替えにはいくつかの方法があります。

【手順A】

プロジェクトゾーンの何もないところで右クリックして、ツールボックスから目的のツールを選択します。

【手順B】

ツールバーのツールボックスから目的のツールを選択します。

【手順C】

パソコンキーボードの数字キー(テンキーではない)から目的のツールが割り当てられたキーを押します。たとえば鉛筆ツールは数字キーの 8 キーを押して選択します。

ツール選択の割り当てキー	
1 : オブジェクトの選択ツール	F9 : 左記のツールに該当する番号を降順で選択
2 : 範囲選択ツール	
3 : はさみ(分割)ツール	F10 : 左記のツールに該当する番号を昇順で選択
4 : のりツール	
5 : 消しゴム(削除)ツール	
6 : ズームツール	
7 : ミュートツール	
8 : 鉛筆ツール	
9 : 再生ツール	
0 : スティックツール (ドラムエディターでのみ有効)	

> **ヒント**
>
> オブジェクトの選択ツールは、イベントのサイズ変更やタイムストレッチなどのツールも兼用していますが、本書ではオブジェクトの選択ツールとしてのみ使用しています。

> **ヒント**
>
> カラーツール(イベントに色をつける)にはショートカットは割り当てられていません。手順AまたはBによって、ツールボックスからクリックして選択します。

イベントを適正な位置に作成または移動するスナップ設定

「スナップ」とは、イベントなどを作成または移動するときに、小節や拍などの単位でおこなうかどうかを決めるものです。この単位は「グリッドの間隔」によって決定されます。

スナップのオン/オフ

「スナップオン/オフ」ボタンをクリックして点灯し、オンにします。ショートカットは J キーです。

スナップをオフにするには、もう一度「スナップオン/オフ」ボタンをクリックして消灯の状態にします。ショートカットの J キーをもう一度押してもオフにできます。

「グリッドの間隔」の設定

「グリッドの間隔」をクリックして、メニューからイベントを作成したり移動したりする単位を「小節」、「拍」、「クオンタイズ値」から選択します。

ヒント

「グリッドの間隔」メニューにある「クオンタイズ値」は、「グリッドの間隔」の右にある「クオンタイズプリセット」で選択した音符の単位でイベントを作成、または移動するときに選択します。「小節」や「拍」よりも細かい単位でイベントの作成や移動ができます。「クオンタイズプリセット」には、音符が分数で示されます。「1/1」は全音符、「1/2」は2分音符、「1/4」は4分音符、「1/8」は8分音符……というようになっています。

新規トラックの作成

　Cubase を使った曲制作の過程では、トラックを新規に作成することがよくあります。トラックを作成するメニューを選択する手順には、次の3つの操作方法があります。状況や好みに応じて使い分けてください。ここでは例としてオーディオ（Audio）トラックを作成する手順を解説します。

【手順A】

　「プロジェクト」メニューから「トラックを追加」をクリックして、メニューから目的のトラックを選択します。

【手順B】

　トラックリストゾーンにある「+（トラックを追加）」マークをクリックして、開く「トラックを追加」ウィンドウで目的のトラックを選択します。

【手順C】

トラックリストゾーンで右クリックします。右クリックする場所によって手順が少し異なります。

(1) 何もないところで右クリック

メニューから目的のトラックを選択します。

(2) 既存のトラック上で右クリック

メニューから「トラックを追加」をクリックして、開くメニューから目的のトラックを選択します。

トラックリストゾーン

どの手順の場合も、選択したトラックの種類によっては、詳細を設定するウィンドウが開く場合があります。ウィンドウが開いた場合は、各項目を設定したあと「トラックを追加」をクリックすると、新しいトラックが作成されます。

オーディオトラックの場合　　MIDIトラックの場合　　インストゥルメントトラックの場合

Chapter 2　Cubase をマスターするために　51

新規イベントの作成

インストゥルメント／MIDIトラックでは、あらかじめ「イベント」というデータを入力する枠を作成してからデータを入力します。

> **ヒント**
> リアルタイム入力では、イベントは自動的に作成されます。

> **ヒント**
> オーディオトラックでも同様の操作でイベントは作成できますが、入力や編集などの操作はできません。

手順

1. 48ページ「ツールの選択」を参考に鉛筆ツール を選択します。
2. 49ページ「イベントを適正な位置に作成または移動するスナップ設定」を参考に、スナップをオン、グリッドの間隔を「小節」にします。
3. 1小節目の先頭でクリックすると、1小節分のイベントが作成されます。

> **ヒント**
> ショートカットである数字キーの8を押しても同様に鉛筆ツールが選択できます。

> **ヒント**
> ここではグリッドの間隔が「小節」に設定されているので、1回クリックすると自動的に1小節分の長さのイベントが作成されます。

1小節目先頭をクリック

たとえば、4小節分のイベントを作成する場合には、クリックしたまま、4小節分、右方向へドラッグします。

複数のデータ/イベントの選択

単体のデータやイベントの選択は単純にクリックするだけで選択できます。複数のデータ/イベントの選択は次のようにします。

【手順A】

Ctrl キーを押しながらデータやイベントをクリックして選択します。クリックしたデータ（イベント）のみが選択されます。

【手順B】

選択したい範囲をドラッグして選択します。

オーディオイベントの場合

MIDI データの場合

【手順C】

プロジェクト内、エディター内のデータやイベントをすべて選択する場合は、「編集」メニューの「選択」から「すべて」をクリックするか（次ページ図参照）、ショートカットの Ctrl + A キーを押します。

Chapter 2　Cubase をマスターするために　53

プロジェクト／エディター内の拡大と縮小

　曲を作成しているときは、プロジェクトウィンドウを拡大または縮小することがよくあります。ぜひショートカットを利用しましょう。

横方向への拡大と縮小

　拡大する場合はパソコンのキーボードの[H]キーを、縮小する場合は[G]キーを押します。

縦方向への拡大と縮小

　パソコンキーボードの[Shift]キーを押しながら、拡大する場合はパソコンのキーボードの[H]キーを、縮小する場合は[G]キーを押します。

> **ヒント**
>
> プロジェクトゾーン右下にあるズームスライダーでも拡大や縮小がおこなえます。左右のドラッグで横方向、上下のドラッグで縦方向のズームイン／アウトがおこなえます。縦横とも、ズームスライダーを「＋」方向にドラッグすると拡大、「－」方向にドラッグすると縮小されます。

ウィンドウのスクロール

ウィンドウの横方向へのスクロール

ウィンドウ下部にあるスクロールバーを左右にドラッグするか、Shiftキーを押しながら、マウスホイールを回転させて、スクロールします。手前に回すと左方向へ、向こう側に回すと右方向へスクロールします。

スクロールバー

ウィンドウの縦方向へのスクロール

ウィンドウの右端にあるスクロールバーを上下にドラッグするか、マウスホイールを回転させてスクロールします。手前に回すと下方向へ、向こう側に回すと上方向へスクロールします。

スクロールバー

コピー&ペースト（コピペ）

　同じデータのところはコピペして、効率的に作業を進めましょう。Cubaseでのコピペには2つのタイプがあります。

ヒント
イベントのコピペ先の位置は、スナップのオンオフ、グリッドの間隔によって決まります。くわしくは49ページ「**イベントを適正な位置に作成または移動するスナップ設定**」をご覧ください。

ドラッグ&ドロップ型コピペ

手順
1 イベントをクリックして選択、またはドラッグして範囲選択します。
2 Alt キーを押しながら目的の位置にドラッグ&ドロップします。

Alt キーを押しながらドラッグ&ドロップ

ペースト先指定型コピペ

手順

1 イベントをクリックして選択、またはドラッグして範囲選択します。
2 「編集」メニュー（①）の「コピー」（②）をクリックします。
3 小節数を表す「ルーラー」（③）でペーストしたい位置をクリックして指定します（④）。

4 「編集」メニューの「貼り付け」（⑤）をクリックします。

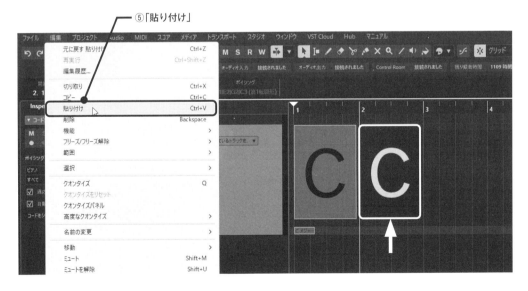

ヒント

ショートカットキー **Ctrl**+**C**（コピー）、**Ctrl**+**V**（貼り付け）も使えます。

複製

　イベントをクリックして選択、またはドラッグして範囲選択したあと、「編集」メニューの「機能」から「複製」をクリックします。選択されたイベントやデータのすぐ後ろに複製されます。

　ショートカットは、Ctrl＋Dキーです。続けて押すとすばやく複製ができて便利です。

ヒント

「編集」メニュー→「機能」の中の「反復複製」（上図参照）では、回数を指定して複製できます。たとえば作成した1小節のドラムのパターンを7回複製して8小節にしたい、というようなときに便利です。

選択した音色を確認する方法

付属のVST音源HALion Sonicで選択した音色を、音を鳴らして確認するには、次のような方法があります。

【手順A】
HALion Sonicの鍵盤をクリックする

鍵盤をクリックする

【手順B】
外部MIDIキーボードを弾く

HALion Sonicがアサインされているインストゥルメントトラックの「録音可能」ボタンをクリックしてオン（赤く点灯）にして、接続されているMIDIキーボードを弾きます。MIDIキーボードの鍵盤を押さえると、インストゥルメントトラックの入力レベルメーターが青く反応します（次ページ図参照）。

【手順C】
オンスクリーンキーボードで確認する

　【手順B】と同様に、HALion Sonic がアサインされているインストゥルメントトラックの「録音可能」ボタンをクリックしてオンにした状態で、「スタジオ」メニューの「オンスクリーンキーボード」をクリック、あるいはショートカットの Alt + K キーを押すと、画面上にオンスクリーンキーボードが表示されます。

　Q が「ド（C）」、2 が「ド♯（C♯）」W が「レ（D）」……という配列になっています。ここをクリック、または該当するパソコンキーボードのキーを押します。

ヒント
オクターブはオクターブバーをクリックして変更します。パソコンキーボードの ← → キーでも操作できます。音の強さであるベロシティは、デフォルトで「100」に設定されています。変更するには、オンスクリーンキーボード右の「◀」で操作します。上にドラッグすると多く（強く）、下にドラッグすると少なく（弱く）なります。

ヒント
オンスクリーンキーボードを使用していると、一部のショートカットが使えなくなってしまうので、音を確認したらもう一度 Alt + K キーを押してもとに戻しておきましょう。

再生などトランスポートの操作

　再生などのトランスポートの操作は「トランスポートパネル」でおこないます。デフォルトでは、プロジェクトウィンドウの最下部に表示されています。

　これとは別に独立したフローティング状態にできるトランスポートパネルも用意されており、操作しやすい場所にドラッグして移動できます。表示したい場合は、「トランスポート」メニューから「トランスポートパネル」を選択します。

「トランスポートパネル」

> **ヒント**
> トランスポートパネルの端をドラッグして操作しやすい場所に移動できます。

　トランスポートパネルは通常、再生や停止、録音など、基本的な操作のみがおこなえるよう、縮小した状態で開きます。このままだと、早送りや巻き戻しがクリックの操作ではおこなえないので、すべてのトランスポート機能のボタンを表示しておきましょう。

「トランスポートパネル」

基本的な操作のボタンのみ

　トランスポートパネルの「録音」ボタン右の「：」部分にカーソルをあわせると、↔になります。その位置を2回クリックすると、トランスポート機能のボタンがすべて表示されます。

2回クリック

トランスポート機能のボタンがすべて表示される

①「前のマーカー／プロジェクト開始位置へ移動」　②「次のマーカー／プロジェクトの終了位置へ」　③「巻き戻し」
④「早送り」　⑤「サイクル」　⑥「停止」　⑦「開始（再生）」　⑧「録音」

ショートカット（テンキーを使用）
Enter ：開始（再生）
＋ ：早送り
－ ：巻き戻し
＊ ：録音
／ ：サイクルオン／オフ
． ：プロジェクト（曲）の先頭に戻る
0 ：停止
1 ：左ロケーター位置へ
2 ：右ロケーター位置へ
3 ～ 9 ：マーカー 3 ～ 9 へ

ヒント

「サイクルオン／オフ」については、71 ページ **「サイクル再生」** をご覧ください。

ヒント

テンキーのないノートパソコンなどでは「Num Lock（ナムロック）」キーを押して Num Lock 機能をオンにすると、一部のキーがテンキーの代わりとなり、ショートカットでの操作ができるようになります。ただし Num Lock 機能がオンになっていると一部のショートカットが使えなくなってしまうので、トランスポートの操作が終わったら、もう一度「Num Lock」キーを押して Num Lock 機能をオフにしておきましょう。

ヒント

「マーカー」とは、マーカートラック上でセクションなど曲の進行上の節目につける番号（マーク）のことで、テンキーの 3 ～ 9 キーを押すことで、それぞれ該当するマーカーの位置へ瞬時に移動できます。マーカートラックの作成については、巻頭カラーページ **「演奏や情報を記録したり機能を割り当てたりする「トラック」** の **「その他のトラック」**（vi ページ）をご覧ください。

　Cubase シリーズでは、再生（開始）、停止、録音などの操作にはテンキーを使ったショートカットが割り当てられていることが多いので、テンキーのないノートパソコンなどをお使いの場合には、USB 接続などの外づけテンキーをお使いになることをお勧めします。なお、「開始（再生）」と「停止」は、メインキーボードのスペースキーでも操作できます。

MIDIエディターの表示

　MIDIデータを入力、編集するMIDIエディターには、「キーエディター」、「スコアエディター」、「ドラムエディター」の3種類があります。

　入力または編集したいトラックのイベントを選択した状態で、「MIDI」メニューから「キーエディターを開く」、「スコアエディターを開く」、または「ドラムエディターを開く」をクリックします。

ヒント

「スコア」メニューにも「スコアエディターを開く」があります。

　各エディターを閉じるには、右上の「×」ボタンをクリックします。

キーエディター

　キーエディターでは、左側に表示された鍵盤で音の高さを、上部のルーラーで小節番号や拍位置を示しています。MIDI データ（ノート）はブロックで表示され、その位置や長さによって高さ、発音のタイミングや長さを表しています。Cubase での MIDI 入力／編集の中心的存在です。

「キーエディター」

スコアエディター

　スコアエディターは、MIDI データを文字どおりスコア（譜面）の状態で表示します。キーエディターではタイミングや長さなどがブロックで細かく表示されますが、スコアエディターではそれらのデータが「一番近い音符」に置き換えて表示されるので、入力するデータの楽譜がある場合や楽譜のほうが見慣れているという場合に、入力した音符の確認という用途などで使うといいでしょう。

「スコアエディター」

ドラムエディター

　打楽器には音の長さの観点がないことから、表のような形で MIDI データの発音タイミングだけを表示します。キーエディターでは、左側には音の高さを示す鍵盤が表示されていますが、ドラムエディターでは、キックやスネア、ハイハットなど、ドラムのパーツ名が表示されているので、ドラムの MIDI 入力に慣れていなくても直感的にパターン作成ができます。

「ドラムエディター」

サンプルエディターの表示

オーディオデータをより緻密に編集する際に使うのが「サンプルエディター」です。
オーディオイベントをクリックして選択して、「Audio」メニューから「サンプルエディターを開く」をクリックすると開きます。

クオンタイズプリセット

　プロジェクトウィンドウでイベントを操作する際は、前述の「スナップ」機能を使うと、「グリッドの間隔」で決められた単位で正確に作成／編集することができます。同様に MIDI データを編集する各エディターでは、「クオンタイズプリセット」で音符を作成／編集する際の単位を選択しておくことで、正確に操作することができるようになります。

　たとえば、全音符を 4 分音符の長さに分割する際、「クオンタイズプリセット」を「1/4」にすることで、その 1 小節を 1/4 分割するグリッド線が表示され、その線に沿って作業が正確にできるようになります。

　「クオンタイズプリセット」の変更方法は、「クオンタイズプリセット」欄をクリックし、メニューから単位としたい音符を選択します。

> **ヒント**
>
> 「クオンタイズプリセット」では、「1/1」が全音符、「1/2」が 2 分音符というように、分数で音符が示されています。

Chapter 2　Cubase をマスターするために　　67

クオンタイズ

　クオンタイズとは、設定した音符の単位でノートデータを修正する機能です。この際、修正する音符の単位は上記「クオンタイズプリセット」で制御されます。
　クオンタイズを実行するには、「編集」メニューから「クオンタイズ」をクリックするか、ショートカットである Q キーを押します。

ヒント
エディター内の特定のデータに対してクオンタイズを実行する際には、53ページ**「複数のデータ／イベントの選択」**の手順Bの方法でデータを選択してからクオンタイズを実行します。対してエディター内のすべてのデータに対してクオンタイズを実行する際には、何も選択しない状態でクオンタイズを実行します。

各データの頭（データの左端）が一番近いグリッド線に揃えられる

MediaBay ／ Loopブラウザー ／ Soundブラウザーの表示

付属のループや音色などを選択するウィンドウです。

「メディア」メニューから「MediaBay」、「Loop ブラウザー」、「Sound ブラウザー」をそれぞれ選択します。

ヒント

付属のループや音色などの選択は、右ゾーンの「メディア」タブでもおこなえます。たとえばループファイルを探すときには「ループ＆サンプル」のアイコンをクリックすると、付属しているループがジャンルなどによって分類されて表示されています。ここで「Drum Loops」をクリックすると、ループファイルを探す画面になります。ただし表示が小さいので、本書では「MediaBay」、「Loopブラウザー」、「Soundブラウザー」を使って解説します。

右ゾーンが表示されていない場合には、「右ゾーンを表示/隠す」をクリックします。

サイクル再生

指定した範囲(小節など)を繰り返し再生する機能です。範囲の指定はトランスポートパネルでおこないます。

手順

1 トランスポートパネルの「左ロケーター位置」(①)でサイクル再生の開始位置を、「右ロケーター位置」(②)でサイクル再生の折り返し位置を設定します。

①「左ロケーター位置」

②「右ロケーター位置」

ロケーターに表示されている4つの数字はそれぞれ左から順に「小節、拍、1拍を16で割った数、ティック(16分音符を120で割った数)」を表しています。

通常、範囲は小節単位で設定します。たとえば1～8小節目までに設定したい場合、「左ロケーター位置」を「1.1.1.0」、「右ロケーター位置」を「9.1.1.0」(8小節目の終わり=9小節目の先頭)に設定します。
変更したい数字をダブルクリックして反転させ、テンキーまたはメインキーボードの数字キーで入力したあと、**Enter** キーを押します。

2 「サイクル」(③)をクリックします。ショートカットはテンキーの/キーです。

③「サイクル」

これで再生させると、「停止」ボタンをクリックするまで、指定した範囲内が繰り返し再生されます。

メトロノームとテンポの設定

リアルタイム入力、ギター/ボーカル録音では、演奏に入るタイミングのためにメトロノーム（クリック）と曲の速度であるテンポの設定をおこなう必要があります。

メトロノーム（クリック）の設定

メトロノーム（クリック）の設定は、プロジェクトウィンドウ下のツールバーでおこないます。

手順

1 「メトロノームクリックを有効化」アイコン（①）をクリックしてオン（点灯）にします。
オンにすると、デフォルトでは再生/録音の際にメトロノームの音が鳴ります。

2 「テンポトラックをアクティブにする」（②）はオフ（消灯）にします。
「テンポトラック」とは、曲にあわせてテンポを変化させる際に使用するトラックで、通常の曲では使用しません。

ヒント

テンポトラックを有効にしたまま、トランスポートパネルでテンポの数値をたとえば「130」に変更すると、テンポトラックへその数値が書き込まれてしまい、またそのあとでテンポトラックを無効にすると、今度はデフォルトのテンポ「120」に戻ってしまいます。こういった誤動作を避けるため、ここでテンポトラックを無効にしておきます。

①「メトロノームクリックを有効化」をオンにする
②「テンポトラックをアクティブにする」をオフにする

テンポの設定

Cubase では MIDI データはもちろん、オーディオデータのテンポもあとから変更できるので、曲作りの最初の段階でテンポを厳密に設定する必要はありません。ただしオーディオデータの場合、大幅にテンポを変えると本来の音質とかなり異なってしまうことがあるので、最終的に設定したいテンポにある程度近い値に設定しておきましょう。ここでは例として「130」に設定してみましょう。

手順

1 トランスポートパネル右端、デフォルトで「120」となっているテンポの数値をクリックして反転させます。

クリック

2 テンキー、またはメインキーボードの数字キーで「130」と入力し、**Enter** キーを押して確定させます。

ヒント
数値の右側にある「△」または「▽」をクリックすると、テンポの数値を1ずつ増減できます。

元に戻す（アンドゥ）／再実行（リドゥ）

作業をしていると、思わぬ操作をしてしまい作業をもとに戻したくなったり、もとに戻した作業をまたやりなおしたくなったりすることがあります。そんなときは「編集」メニューから「元に戻す」、または「再実行」をクリックします。「元に戻す」のショートカットは **Ctrl** + **Z** キー、「再実行」は **Ctrl** + **Shift** + **Z** キーです。

「編集」メニュー

「元に戻す」

「再実行」

プロジェクトの保存

　Chapter 1「Cubase の起動とプロジェクトの作成」(29 ページ) で解説した方法で空（新規）のプロジェクトを作成すると、「ドキュメント」にある「Cubase LE AI Elements Project」フォルダーに自動的に番号がつけられた「名称未設定-○○」というプロジェクトフォルダーが作成されます。これは「steinberg hub」右下、「既存の場所を使用」欄（①）に保存される場所 (C:\... ～) が、「プロジェクトフォルダー」欄に作成されるフォルダーの名前（ここでは「名称未設定 -09」）が表示されるので確認できます。

　プロジェクトを保存する際は、上記フォルダーが自動的に保存場所として指定されます。
　楽曲を作りはじめるとき、すでにイメージや曲名などが決定している際には、あらかじめプロジェクトフォルダーに名前をつけておくと、あとからファイルを探すときなどに便利です。「steinberg hub」右下の「プロジェクトフォルダー」欄（上図②）をダブルクリックして、任意のフォルダー名を入力します。

> **ヒント**
> 一度名前を変更すると、以降に作成するプロジェクトフォルダーにも、同じ名前が使用されます（名前が重複しないよう自動で末尾に番号が振られます）。必要に応じて、そのつど名前をつけなおしてください。

手順

1 「ファイル」メニュー（①）から「名前をつけて保存」（②）をクリックします。

2 「名前を付けて保存」ウィンドウが開きます。

3 「ファイルの場所」（③）では前述のフォルダーが選択されているので、「ファイル名」（④）にプロジェクトのファイル名を入力して「保存」（⑤）をクリックします。

わかりやすいプロジェクト名をつけておくように心がけましょう。たとえば「作成した日付」、「何を作ったか」、「曲の雰囲気」などにしておくと、あとからでも探しやすいはずです。

一度名前をつけて保存したあとは、「ファイル」メニューから「保存」をクリックするか、ショートカットの Ctrl + S キー を押すだけで上書き保存ができます。

プロジェクトを閉じる

　Cubase のアプリケーションは起動したまま、現在使用中のプロジェクトだけを閉じたいというような場合は、「ファイル」メニューから「閉じる」をクリックすると、プロジェクトだけが閉じます。

ヒント
アプリケーションを終了したい場合は、「ファイル」メニューの「終了」をクリックします。

プロジェクトを開く

保存してあるプロジェクトを開きます。

○手順

1. Cubaseを起動すると開く「steinberg hub」ウィンドウで、「最近使用したプロジェクト」（①）をクリックします。
2. 表示されるリストから目的のプロジェクトファイル（②）をクリックして、「開く」（③）をクリックします。

④「他のファイルを開く」

ヒント

「最近使用したプロジェクト」のリストに目的のファイルがない場合は、「他のファイルを開く」（上図④）をクリックし、プロジェクトが保存されている場所（デフォルトでは「Cubase LE AI Elements Project」）を開き、該当するプロジェクトのファイルを選択して「開く」をクリックします。

Chapter 2　Cubase をマスターするために

Chapter 3

コードトラックを使って
簡単！ 伴奏作り

　音楽制作も Cubase もはじめてという方のために、
Cubase のコードトラックを使ったお手軽な伴奏作りの方
法を解説します。この Chapter での操作は、コードの入
力とイベント編集、コピペなどの作業のみなので、MIDI
データの入力などが苦手な方でも気軽にトライしていただ
けます。

コードトラックの準備

本 Chapter では、コードトラックに入力したコードをもとに、伴奏パートを作成します。まずはじめに、コードを入力するコードトラックを準備します。

手順

1 プロジェクトの作成
Chapter 1「Cubase の起動とプロジェクトの作成」(29 ページ)を参考に、空の状態でプロジェクトを作成します。

2 コードトラックの作成
Chapter 2「新規トラックの作成」(50 ページ)を参考に、いずれかの方法でコードトラックを作成します(①)。

①コードトラックを作成する

3 プロジェクトを適正な表示にする

これから1〜8小節目にコードを入力します。

入力する小節全体が見渡せるよう、**Chapter 2「プロジェクト/エディター内の拡大と縮小」**（54ページ）を参考に、ショートカットである[H]キー（横方向への拡大）や[G]キー（横方向への縮小）を押すなどして、プロジェクトゾーンに1〜8小節目がちょうどよく表示されるよう（②）、表示サイズを調整します。

②1〜8小節目を表示する

ヒント

トラックの縦幅は、広すぎたり狭すぎたりすると、コードイベントがトラックからはみ出したり重なったりするなど正常に表示されないことがあります。コードトラックの下端が左ゾーンの「Inspector（インスペクター）」に表示されている「ボイシング」の下の「ピアノ」の文字と同じくらいの高さになるよう、縦幅を調整してください。

縦幅の目安

4 スナップを「拍」でオンにする

Chapter 2「スナップのオン/オフ」「グリッドの間隔の設定」（49ページ）を参考に、「スナップオン/オフ」（③）をオンに、「グリッドの間隔」（④）を「拍」（⑤）にします。

④「グリッドの間隔」
③「スナップオン/オフ」
⑤「拍」

Chapter 3　コードトラックを使って簡単！ 伴奏作り　81

5 左ゾーンの「Inspector（インスペクター）」にある「適応型ボイシング」（⑥）と「自動スケール」（⑦）のチェックをクリックしてはずします。

「適応型ボイシング」は自動的にボイシング（コード音の重ね方）を自動的に変化させるもので、「自動スケール」はコードにあったスケール（音階）を表示するものです。どちらも曲にバリエーションを加えるものですが、まずは基本形を学ぶために両方とも無効にします。

また Cubase 13 以降、コードトラックに新たに追加された「スケールを表示」ボタン（⑧）がデフォルトでオンになっているため、上記「自動スケール」を無効にしても数値でスケールが表示されるようになっています。これも表示が煩わしいので、クリックして無効にしておきましょう。

コードを入力する

これから作成したコードトラックの1〜8小節目に、次図のようにコードを入力します。

■コードイベントを作成する

まずは、コードを入力するためのコードイベントを作成します。

上図を見ると、使われているコードは「C」と「G」の2種類だけであることがわかります。同じコードはあとでコピペして作成するため、ここで実際にコードイベントを作成するのは、1小節1拍目と4小節3拍目の2ヵ所になります。

手順

1 Chapter 2「ツールの選択」(48ページ)を参考に、右クリック、ツールボックス、あるいはショートカットである⑧キーを押す、いずれかの方法で、鉛筆ツールに持ち替えます。

鉛筆ツール

2 1小節1拍目、4小節3拍目をそれぞれクリックして、コードイベントを作成します。

クリック　　　クリック

ヒント
新規に作成したコードイベントには、コードを入力するまで「X」が表示されます。

■コードを入力する

手順

1 Chapter 2「ツールの選択」(48ページ)を参考に、右クリック、ツールボックス、あるいはショートカットである[1]キーを押す、いずれかの方法で、オブジェクトの選択ツール▶ (①) に持ち替えます。

2 1小節1拍目のコードイベントをダブルクリックすると (②)、コードエディターが表示されます (③)。

3 1小節目のコードは「C」なので、一番左のリストから「C」をクリックします (④)。

4 「⇨」をクリックして (⑤) 次のコードイベントへ移動します。

5 4小節3拍目のコードイベントが選択されるので、コードエディターで一番左のリストから「G」(⑥) をクリックします。

⑥「G」をクリック

ヒント

コードエディターには、左からコードの「ルート（根音）」、「コードタイプ」、「テンション」、「ベース音*」が表示されており、入力するコードの種類（メジャー、マイナーなど）によって各項目を選択します。この項で使用しているコードはCメジャーとGメジャーなので、本来は2つ目の「コードタイプ」のリストからメジャーを表す「maj」を選択するのですが、メジャーコードの場合、コードのルートを選択すれば自動的に「maj」が選択され、メジャーコードとして入力されます。ちなみに「Am7/G」というコードを入力する場合、左から「A」「min（マイナー）」「7」「G」というように選択します。

＊ベース音：オンベース。On Bass。コードの中でルート音以外の音をベース音として使うコードで、ベース音はスラッシュ（/）を使った分数の分母の形で示されることが多い。

　コードを入力し終わったらプロジェクトゾーンの何もないところをクリックして、コードエディターを閉じます。

■同じところのコードをコピペする

　Chapter 2「コピー＆ペースト（コピペ）」（56ページ）を参考に、同じコードのところはコピー＆ペースト（コピペ）して効率よく作業しましょう。

Chapter 3　コードトラックを使って簡単！ 伴奏作り

手順

1 1小節1拍目に作成した「C」のコードイベントを、Alt キーを押しながらドラッグ＆ドロップして、2、3、4小節にコピペします。

ヒント
「ペースト先指定型コピペ」（57 ページ）でのコピペでも OK です。

2 Chapter 2「複数のデータ／イベントの選択」（53 ページ）を参考に、1～3小節目のコードイベントを選択して、同様の手順で5～7小節目にまとめてコピペします。

3 4小節目の「G」のコードイベントを8小節目の先頭にコピペします。

4 7小節目の「C」のコードイベントを8小節目の3拍目にコピペします。

全体でこのようになっているはずです。

コードの音を鳴らす

コードトラックに入力したコードの音を鳴らしてみましょう。

音を鳴らすには、付属のVSTインストゥルメント「HALion Sonic」を鳴らすインストゥルメントトラックを作成して、コードトラックと接続します。

HALion Sonicについては、巻頭カラーページ「幅広いジャンルに対応するVSTインストゥルメント」（viiiページ）もご覧ください。

■インストゥルメントトラックを作成する

手順

1 Chapter 2「新規トラックの作成」（50ページ）を参考に、いずれかの方法でインストゥルメントトラックを作成します。

「トラックを追加」ウィンドウが開きます。「インストゥルメント」欄は、デフォルトでは「HALion Sonic」が選択されていますが、なんらかの作業をして違っている場合には右にある「▼」（①）をクリックしてメニューから「HALion Sonic」選択し（②）、「MIDI入力」の「▼」（③）をクリックしてメニューから「All MIDI Inputs」を選択して（④）、「トラックを追加」をクリックします（⑤）。

②「HALion Sonic」を選択

④「All MIDI Inputs」を選択

⑤「トラックを追加」

HALion Sonicが起動し、「HALion Sonic 01」というインストゥルメントトラックが作成されます。

🔲コードを鳴らす音色を選ぶ

　HALion Sonic が表示されていないときには、トラックのインスペクターにある「ルーティング」の「HALion Sonic」アイコンをクリックして HALion Sonic を表示します。

　HALion Sonic は、起動したばかりの状態では音色が選択されていないので、コードを鳴らす音色を選択しましょう。

　音色を読み込む場所を「スロットラック」といい、このスロットラックには 16 個のスロットがあります。スロットラックの最上部のスロット「1（パート）」で、エレクトリック・ピアノ（エレピ）の音色を選択します。

手順

1 スロットトラックの最上部のスロット「1（パート）」が選択されている（黄色い枠で囲まれている）のを確認します。もし他のパートが選択されている場合には「1（パート）」の「▼（Load Program）」ボタン（①）をクリックして選択します。

①「Load Program」ボタン

2 HALion Sonic の右側にあるプリセットブラウザーにある「Category」欄（②）をクリックします。

メニューから「Keyboard」（③）の「▶」マークをクリックします。

さらにサブメニューで「E.Piano」（④）をクリックします。

続いて「All」のアイコンをクリックします（⑤）。

⑤「All」をクリック

すするとメニューにエレピの音色が表示されます。

ここでは「[GM 005] Electric Piano 1」をダブルクリックします（⑥）。するとクリップスロットの1にエレピの音色が読み込まれます。

⑥ダブルクリック

■音色を確認する

Chapter 2「選択した音色を確認する方法」（59ページ）を参考に、HALion Sonicの鍵盤をクリックする、またはオンスクリーンキーボードやMIDIキーボードを操作するなどして、読み込んだエレピの音色を確認してみましょう。

■コードトラックを再生する

コードトラックに入力したコードイベントのコードを HALion Sonic で選択したエレピの音で鳴らします。

手順

1 コードトラックは、デフォルトでは選択されているトラックの音が鳴る仕組みになっています。ここでは作成した HALion Sonic のトラックの音を鳴らすので、作成したトラックをクリックして選択しておきます（①）。

①「HALion Sonic 01」を選択しておく

2 Chapter 2「再生などトランスポートの操作」（61 ページ）を参考に、トランスポートパネルの「開始（再生）」ボタン（②）をクリックするか、ショートカットの Enter キーを押すなどして曲を再生します。

③「停止」　②「開始（再生）」

コードイベントを作成したタイミングにあわせて、エレピの音でコードの音が再生されます。再生が終わったら、トランスポートパネルの「停止」ボタン（上図③）、あるいはショートカットの 0 キーを押すなどして曲を停止させておきましょう。

このあとエレピやベース、ギターなどのパートのトラックを作成していきます。新しいパートを作成したあとは、上記手順を参考に、どんな音で鳴るかを再生して確認しましょう。

コードトラックを
エレピのパートに変換する

　コードトラックのイベントは、コードトラックにある間は編集ができず、思いどおりの曲の伴奏にすることができません。そこで、エレピのトラックに移動して、実際の演奏データ（MIDIデータ）に変換します。

手順

1 コードトラックをクリックして選択した状態で（①）、左ゾーン（②）にある「ボイシング」の欄（③）を「ピアノ」にします（④）。

ヒント

ボイシングとは
「ボイシング」とは、コードを構成する音の並べ方のことです。

- **「ピアノ」**
  左手でベースを、右手でのコードを展開します。たとえばコード「C」の場合、左手は「ド」、右手は「ミ、ソ、ド」というように展開します。
- **「ベーシック」**
  いわゆる基本的な音の並べ方です。コード「C」なら「ド、ミ、ソ」になります。
- **「Guitar（ギター）」**
  ギター特有の音の並べ方です。コード「C」なら「ド、ソ、ド、ミ」になります。

2 コードイベントを囲むようにドラッグして、すべてのコードイベントを選択します。

3 選択した任意のコードイベントを、すぐ下の「HALion Sonic 01」トラックにドラッグ＆ドロップします。

「HALion Sonic 01」トラックに、コードの音が入ったMIDIイベントが作成されます。

4 これですべてのコードイベントのデータがMIDIデータに変換され、「HALion Sonic 01」トラックで鳴るようになります。

ただしこのままだとコードトラックの音と二重に鳴ってしまうので、コードトラックの「M（ミュート）」ボタン（⑤）をクリックしてオレンジ色に点灯させて、音が鳴らないようにします。

⑤「M（ミュート）」ボタン

Chapter 3　コードトラックを使って簡単！ 伴奏作り

エレピのパートから
ベース・パートを作成する

　前述のとおり、コードイベントからエレピのパートの MIDI データに変換するときのボイシングは「ピアノ」でした。「ピアノ」のボイシングでは、右手と左手でコードが構成されています（92 ページ**「ヒント　ボイシングとは」**参照）。このうち左手パートの音はバンド演奏のベースギターに相当するので、今度はエレピのデータから左手パートをコピーしてベース・パートを作成します。

■ベース用の MIDI トラックを作成する

　HALion Sonic は、1 つのインストゥルメントで 16 のパートの音を同時に鳴らすことができます。ベース・パートも先ほど起動した HALion Sonic の残りのパートを使って鳴らします。

手順

1 MIDI トラックを作成します。

「HALion Sonic 01」トラックのすぐ下にベースのトラックを作りたいので、「HALion Sonic 01」トラックを選択した状態で（①）、**Chapter 2「新規トラックの作成」**（50 ページ）を参考に、MIDI トラックを作成します。

2 「トラックを追加」ウィンドウが開いたら、「MIDI 入力」(②) は「All MIDI Inputs」、「MIDI 出力」(③) は「01.HALion Sonic - MIDI」、「名前」(④) は空欄、「数」(⑤) は「1」になっているのを確認します。

「グループとチャンネル」は「チャンネル1」になっていますが、「▼」(⑥) をクリックしてメニューから「チャンネル2」を選択します (⑦)。

⑦「チャンネル2」を選択

「トラックを追加」(⑧) をクリックします。

⑧「トラックを追加」

「MIDI 01」という MIDI トラック (⑨) が、選択していた「HALion Sonic 01」トラックのすぐ下に作成されます。

⑨「MIDI 01」トラック

Chapter 3　コードトラックを使って簡単！伴奏作り　　95

■HALion Sonic でベースの音色を読み込む

ここでは、HALion Sonic の 2 パート目にエレキベースの音色を読み込みます。

88 ページ**「コードを鳴らす音色を選ぶ」**を参考に 2 パート目右端の「▼（Load Program）」ボタン（①）をクリックして、プリセットブラウザーの「Category」（②）をクリックしてメニューから「Bass」（③）、「E.Bass」（④）の順に選択し、「ALL」アイコン（⑤）をクリックします。エレクトリックベースの音色が表示されるので「[GM037] Slap Bass 1」をダブルクリックすると（⑥）、クリップスロットの 2 に「[GM037] Slap Bass 1」が読み込まれます。

■エレピ・パートのデータを1つのイベントにまとめる

現在、エレピ・パートのMIDIデータは、コード単位のイベントになっていますが、このあとのコピペやデータ選択などの編集操作がしやすいように、のりツール🖉を使って1つのイベントにまとめておきます。

手順

1 Chapter 2「複数のデータ／イベントの選択」(53ページ) を参考に、エレピのイベントすべてを選択します。

2 Chapter 2「ツールの選択」(48ページ) を参考にのりツール🖉 (①) に持ち替え、手順1で選択した任意のイベントを1つクリックして (②)、1つのイベントに合体させます。

作業が終わったら、オブジェクトの選択ツール▶に持ち替えておきます。

Chapter 3　コードトラックを使って簡単！ 伴奏作り

■エレピ・パートのデータをコピペし、左手パートのデータのみ残す

手順

1 Chapter 2「コピー&ペースト（コピペ）」(56 ページ) を参考に、エレピ・パートのイベントをベース・パートの MIDI トラックにコピペします。

2 Chapter 2「MIDI エディターの表示」(63 ページ) を参考に、「MIDI」メニュー（①）から「キーエディターを開く」（②）をクリックしてキーエディターを開きます。

3 Chapter 2「プロジェクト／エディター内の拡大と縮小」(54 ページ) を参考に、次ページ図のようにデータ全体が見渡せ、かつ各ブロックに音名が表示されるよう、表示サイズを調整しておきます。

ヒント

縦方向に拡大すると、ブロックに音名が表示されるようになります。

4 上側のデータが右手パートのコードのデータで、一番下、単音が続いているのが左手パートのベースのデータです。上側の右手パートのデータを選択します。

5 パソコンキーボードの Delete キーを押して右手パートのデータを消去します。

これでベース・パートができあがりました。

ベースのデータを分割してリズムに変化をつける

　エレピ＋ベースとなりサウンドの幅は広がりましたが、どちらも音を「じゃ～ん」と全音符の長さで伸ばしているだけなので、今ひとつ躍動感に欠けます。
　そこで、ベースのデータを分割してリズム感が出るようにしてみましょう。ここでは全音符を分割して4分音符にします。

手順

1 操作の対象にする単位を4分音符にする
　ここでは、音符を分割して4分音符に変更するので、「クオンタイズプリセット」（①）を「1/4（4分音符）」（②）に変更します。また、グリッドはオンにしておきましょう。

> **ヒント**
> 「クオンタイズプリセット」については、Chapter 2「クオンタイズプリセット」（67ページ）をご覧ください。

2 Chapter 2「ツールの選択」（48ページ）を参考に、はさみ（分割）ツールに持ち替え、グリッド線に沿って各ブロックをクリックして（③）分割していきます。
　これでデータが4分音符の長さになります。

　最後の9小節目まで伸びている部分（次図◻︎で囲った「C1」）はエンディングに使うので、分割せずそのままにしておきます。

　これでリズムが出てきて躍動感のあるベースになりました。
　編集がすんだら、右上の「×（閉じる）」ボタンでエディターは閉じておきましょう。

ギター・パートの作成

ポピュラー音楽では、ギターも伴奏パートとしてよく使われます。最後にコードトラックからデータを変換してギター・パートを作成してみましょう。

ギターらしいコードにするために、「ボイシング」を「Guitar」に変更して作成します。

手順

1 コードトラックを選択した状態で（①）、左ゾーン（②）の「ボイシング」欄（③）をクリックして「Guitar」（④）にします。

2 ベース・パートである「MIDI 01」を選択した状態で、**Chapter 2「新規トラックの作成」**（50ページ）を参考に、ベース・パートのすぐ下にギター・パート用のMIDIトラック「MIDI 02」を作成します（次ページ図⑤）。

このとき、「トラックを作成ウィンドウで「グループとチャンネル」欄を「チャンネル3」にします（次ページ図⑥）。

Chapter 3　コードトラックを使って簡単！伴奏作り　101

⑥「チャンネル3」
を選択

⑤ギター・パート用
のMIDIトラック

3 92ページ「コードトラックをエレピのパートに変換する」の手順2以降を参考に、コードイベントを「MIDI 02」トラックにドラッグ＆ドロップします。

4 88ページ「**コードを鳴らす音色を選ぶ**」を参考に、HALion Sonic の3パート目にギターの音色を読み込みます。

ここでは「Guitar/Plucked」（⑦）→「A.Guitar」（⑧）をクリックして選択し「All」アイコン（⑨）をクリックします。リストから「[GM028] Steel Guitar」をダブルクリックします（⑩）。

これでギター・パートも作成できました。

トラックの名前をパート名に変更する

　伴奏ができあがったところで、トラックの名前をパート名に変更しておきましょう。こうすれば、各トラックの割り当てがひと目でわかるようになります。

手順

1 トラックリストの「HALion Sonic 01」という部分をダブルクリックして反転させます（①）。

2 「E.Piano」と入力して、Enterキーを押して確定します。

①ダブルクリック

3 以降、上から順に「E.Bass」「A.Guitar」と入力しておきましょう。

保存

　ここで作った伴奏（バックトラック）は、次の Chapter でも使用します。名前をつけて保存しておきましょう。

　Chapter 2「プロジェクトの保存」（74 ページ）を参考に、「ファイル」メニューから「名前をつけて保存」をクリックすると「名前を付けて保存」ウィンドウが開きます。保存場所は自動的に指定される「Song-○○」フォルダー（○○には自動的に割り振られる数字が入ります）のまま、「ファイル名」のところにプロジェクトファイルの名前、たとえば「Back Track」と入力し、「保存」をクリックします。

応用

コードパッドを曲作りに活用しよう！

　Cubase にはコードトラックのほかに「コードパッド」というコードの構成音があらかじめ割り当てられているパッドが装備されています。パッドをクリック、あるいは MIDI キーボードを弾くと、アサインされているコードの音が鳴るのはもちろん、パッドそのものをコードトラックにドラッグすれば、そのコードが配置できるので、思いついた響きをそのまま曲作りに生かすこともできます。

　また、このコードパッドには「定番的なコード」が用意されたプリセットも装備されているので、曲作りをスムーズかつ失敗なく進められる、というメリットもあります。

　ここでは、コードの音を鳴らしながら、コードのプリセットを試し、コードパッドにコードを配置して、曲の骨格を作る作業をやってみましょう。ここでは8小節のコード進行を作ります。

■コードを鳴らす準備

手順

1 Chapter 1「Cubase の起動とプロジェクトの作成」(29 ページ) を参考に、空の状態でプロジェクトを作成します。

2 Chapter 2「新規トラックの作成」(50 ページ) と Chapter 3「インストゥルメントトラックを作成する」(87 ページ) を参考に、HALion Sonic がアサインされたインストゥルメントトラックを作成します（①）。

3 「コードを鳴らす音色を選ぶ」(88 ページ) を参考に HALion Sonic でコードを鳴らす音色を選びます（②）。

ここでは Chapter 2 と同じ「[GM 005] Electric Piano 1」を選択しますが、好みの楽器があればそれでもかまいません。

> **ヒント**
> 歪んだ音（ディストーションギター/オルガンなど）や、余韻が極端に短い音などはコードが聞き取りにくいので、エフェクトがかかっていないピアノ系、アコースティックギター、エレキギターでもクリーン系がおすすめです。

> **ヒント**
> コードを入力したあとでも音色を変更することができます。

4 「プロジェクト」メニュー（③）から「コードパッドを表示/隠す」（④）をクリックします。

応用

コードパッドが開きます。デフォルトではプリセットが選択されています。

コードパッド

音を確認する

それでは各パッドをクリックしてみます。たとえば「Cmin」をクリックするとCmin（Cマイナー）コードの音が鳴ります。

「Cmin」をクリック

ヒント

コードパッドは選択されているトラックに割り当てられた音色で鳴ります。現在はHALion Sonicのトラックのみなので、自動的にHALion Sonicの音が鳴りますが、複数のトラックが存在する場合、必ずコードを鳴らすトラックを選択しておいてください。

コードの構成音を確認する

パッドをクリックすると、下の鍵盤に構成音が表示されます。

MIDI キーボードでコードを鳴らしてみる

　下の鍵盤の青い範囲（C1 ～ D#2）の鍵盤を MIDI キーボードで弾くとコードの音が鳴ります。

　オンスクリーンキーボード（60 ページを参照）を使えば、パソコンのキーボードでコードを鳴らすこともできます。C1 からのオクターブにするには、オクターブのバーを左から 3 番めの位置にドラッグします。

オクターブのバーを
左から 3 番めの位置にドラッグする

　オンスクリーンキーボードは 1 オクターブの範囲しかないので、C2# 以上のコードを鳴らすにはオクターブのバーを右に 1 つずつドラッグします。
　コードの確認が済んだら、オンスクリーンキーボードを開いたままにしておくとショートカットなどが使えなくなってしまうので閉じておきましょう。

Chapter 3　コードトラックを使って簡単！ 伴奏作り

応用

■移調

　デフォルトで表示されているコードは、Cマイナーがキーになっており、このCマイナーを中心にコードが展開されています。Cマイナーのルート音（コードの基本となる音）はC（ド）になっています。

　このCマイナーコードのルートを変更することによって、このデフォルトで読み込まれているコード全体を移調することができます。ここではCからDに移調してみましょう。

> **ヒント**
> ここでの「ルート」とはあくまで「左端にあるコード（移調の起点になるコード）」に対するルート音のことで「キー」ではないことに注意してください。

　「イベントのルート」をクリックすると、ルートのリストが表示されるので、ここでは「D」をクリックして選択します。

　パッド全体がD（Dマイナー）に移調されました。

ヒント

この移調変更機能では、読み込まれているパッド全体を移調するもので、特定のパッドのコードだけを変更することはできません。パッドのコード変更については次項をご覧ください。

■パッドのコードを変更する

特定のパッドのコードを変更してみましょう。

たとえば、前の操作でルートを移調してD（マイナー）にしたコードの中で、E7をEマイナー7にしてみましょう。この操作はコードパッド右側にある「コードエディター」でおこないます。

E7のパッドをクリックして選択します。

コードエディターは84ページでコードトラックにコードを入力したのと同じように「（コードの）ルートノート」「コードタイプ」「テンション」「ベースノート」を選択できます。現在選択されているE7は、それぞれ「E」「maj（メジャー）」「7」「E」となっています。ここで変更するのは「コードタイプ」になります。ここでは「min」をクリックすると、パッドのコードも「Emin7」に変更されます。

応用

■プリセットからコード進行を入力してみよう

　コードパッドのプリセットにはコード進行を想定したたくさんのプリセットが用意されています。プリセットブラウザーをクリックするとプリセットのリストが表示されます。

　リストの中からたとえば「Circle of Melodies」をクリックして選択してみましょう。セブンスの音を加えた4和音のコードプリセットです。

たとえば「Dm7」から順番にパッドを鳴らすと、おしゃれなジャズ風のコード進行ができあがります。

Dmin7 → G7 → Cmaj7 → Fmaj7 → Bmin7/b5 → Amin7 → A/G

それでは実際にコードをプロジェクトのトラックに入力してみましょう。

手順

1 スナップはオンに、グリッドの間隔は「小節」にします。

2 左端の「Dmin7」のパッドをHALion Sonicのトラックの1小節目にドラッグ&ドロップします。

3 2小節目以降、上記の順番でパッドをドラッグ&ドロップします。

再生して聞いてみましょう。おしゃれなジャズ風のコード進行が聞こえてきたでしょうか。

他にもすぐ使えるプリセットが用意されているので、曲作りの際のインスピレーションを得るためにも活用してみましょう。

Chapter 4

付属のループファイルで
ドラム・パートを作成しよう

　続いてドラム・パートを作成します。ここでは「ループ（Loop）」というファイルを使った方法を紹介します。また、Chapter 3 で作成したエレピやベース、ギターなどのパートと同様、MIDI／インストゥルメントトラックにVST インストゥルメントをアサインして、MIDI データとして作成する方法もあわせて解説します。

ドラム・パートをループで作成する

　一般的にドラム・パートは、1～4小節の演奏パターンを繰り返すことが多く、この演奏パターンを「ドラムパターン」と呼んでいます。ドラムパターンの作成にはいろいろな方法がありますが、ここでは「ループ（Loop）」というファイルを使った方法を紹介します。

■Loop ファイルとは

　ループファイルとは、1～4小節などからなる演奏ファイルのことで、Cubase には、生演奏や特定の機器で再生された音を録音した「オーディオファイル」と、Chapter 3 で作成した各パートのデータと同じ MIDI データで作られ、VST インストゥルメントの音色も含めてセットになった「MIDI ループ」が付属しており、どちらもプロジェクトにドラッグ＆ドロップするだけで、すぐにパートを作成できます。

　付属のループファイルにはここで使用するドラムパターンのループファイルだけでなく、ギターやベース、シンセサイザーなどのループファイルも用意されています。
　ループについては、**巻頭カラーページ「すばやいトラック制作を可能にする「MediaBay」「Loop ／ Sound ブラウザー」**（xiii ページ）もご覧ください。

■Loop ブラウザーを開く

　Chapter 2「Media Bay ／ Loop ブラウザー／ Sound ブラウザーの表示」（69 ページ）を参考に、「メディア」メニューから「Loop ブラウザー」をクリックして Loop ブラウザーを開きます。

デフォルトでは、「結果」欄にドラムやギター、ベースなど、さまざまな楽器のオーディオ／MIDIループが表示されます。オーディオファイル（ループ）をクリックすると「プレビュー」にはそのオーディオ波形が表示されます。

　ここではドラムのオーディオループを探したいので、「Category」の右にある「▼」をクリックしてメニューから「Media」→「File Type」を選択し、表示が切り替わった「Category」欄で「Wave File」を選択、そして「Sub Category」のメニューをスクロールして「Beats」を選択すると、下の「結果」にはドラムのオーディオループのみが表示されます。

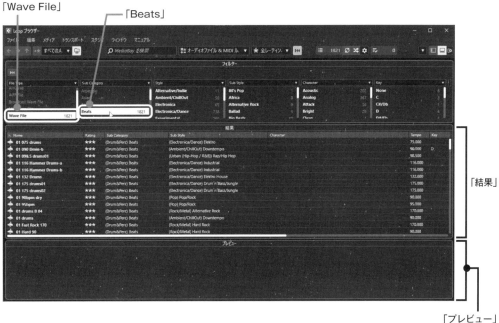

ヒント
通常「Beat」は拍子やリズムの種類を指しますが、ここでの「Beat」はドラムのループを意味しています。

ヒント
「Sub Category」欄の「Beats」をもう一度クリックすると選択が解除され、ドラム以外のループファイルも表示されます。

　Loop ブラウザーでは、どんなループなのかを再生して確認することができます。

■ループ試聴のための設定

Loop ブラウザーでの設定

Loop ブラウザーにあるループファイルを選択すると、右下に3つのボタンが表示され、ループの試聴をコントロールすることができます。ここでは「01 075 drums」を選択してみましょう。

手順

1 「結果リストの新しい選択項目を自動再生」（①）をクリック（点灯）してループファイルをクリックしたときに、自動的に再生されるようにします。

2 「プロジェクトのテンポにリンク」（②）をクリック（点灯）して、プレビューの際の再生テンポを、現在のプロジェクトにあわせて再生されるようにします。

Hint!
「ビートをプロジェクトに合わせる」をオンにしておかないと、あとでプロジェクトにループをドラッグ＆ドロップしたとき、プロジェクトのテンポとあわなくなるので、必ずオンにしてください。

3 「プロジェクトの再生に合わせる」（③）をクリック（点灯）して、これまで入力したエレピとベース・パートと同時に再生されるようにします。

トランスポートパネルでの設定

ループのパターンを試聴する際、サイクル再生でプロジェクトの一定の範囲を繰り返し再生するように設定しておくと、いちいち再生や停止の操作をせずに効率的に試聴できます。

手順

1 Chapter 2「サイクル再生」（71ページ）を参考に、サイクル再生する範囲を指定しておきます。

ここでは1～8小節目までを範囲に指定したいので、トランスポートの「左ロケーター位置」はデフォルトの「1.1.1.0」まま、「右ロケーター位置」（①）の数値をダブルクリックして反転させ、テンキーまたはメインキーボードの 9 キーを押して「9」を入力し、Enter キーを押して「9.1.1.0」（9小節目の先頭＝8小節目の終わり）にします。

2 「サイクル」（②）をクリックして点灯させます。

好みのループファイルを探す

試聴しながら、リストから好みのループファイルを探します。

手順

1 Loopブラウザーの「結果」欄でファイルをどれかクリックすると（①）、クリックしたループが再生されます。現在ドラムのループファイルのみ表示されているので、どれをクリックしてもドラムのループファイルが再生されます。

2 トランスポートパネルの「開始（再生）」（②）をクリックすると、ループファイルとプロジェクトが同期して再生されます。ループファイルを次々とクリックしてイメージにあうループのドラムパターンを探します。

どのループを使うかは任意ですが、ここでは例として「01 175 drums01」を選択します。

3 ループの選択が終わったらトランスポートパネルの「停止」（上図③）をクリックしてプロジェクトの再生を止めます。ループファイルの試聴も自動的に終了します。

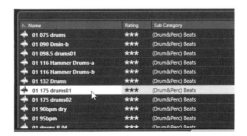

Chapter 4　付属のループファイルでドラム・パートを作成しよう

◼ ループファイルをプロジェクトに読み込む

　選択したループ「01 175 drums01」をドラッグ&ドロップしてプロジェクトに読み込みます。作業がしやすいようにLoopブラウザーをドラッグしてプロジェクトゾーンやトラックリストゾーンが見えるように移動しておきましょう。

手順

1 「スナップオン/オフ」（①）はオン（点灯）に、「グリッドの間隔」（②）は「小節」（③）にします。

2 Loopブラウザーのループファイル«01 175 drums01»を「A.Guitar」トラックの下の1小節目にドラッグ&ドロップします（次ページ図参照）。

ヒント

他の操作をしてLoopブラウザーが隠れてしまったら、「ウィンドウ」メニューから「Loopブラウザー」をクリックします。

「01 175 drums01」というトラック（④）が作成され、2小節分のループファイルのイベントが作成されます（⑤）。

④「01 175 drums01」トラック

⑤イベントが作成される

ヒント

作成されたイベントの右端に、音符と波形のマークが表示されることを確認してください。このマークが表示されているとき、ループなどのオーディオファイルは、テンポの変更に追従します。これらのマークは、118ページ「**ループ試聴のための設定**」の「Loopブラウザーでの設定」手順2で「ビートをプロジェクトに合わせる」をオンにしておくと表示されます。もし表示されていない場合は、**Chapter 2「元に戻す（アンドゥ）/再実行（リドゥ）」**（73ページ）をおこなって上記手順2まで戻るか、あるいは **Chapter 8「オーディオデータのテンポを変更する」**（205ページ）を参考に、音符と波形マークが表示されるようにしてください。

■複製で8小節の長さにする

このままではドラムトラックはループファイルの長さである2小節分しか演奏されません。Chapter 2「複製」(58ページ) を参考に、ループファイルを複製して8小節の長さにします。

手順

1 ループファイルのイベントを選択した状態で、「編集」メニューの「機能」から「複製」をクリックするか、ショートカット Ctrl + D キーを押します。1〜2小節のループファイルが3〜4小節に複製されます。

2 続いて Ctrl + D キーを2回押します。複製によりループファイルが8小節分になりました。

それではループファイルも含めて全体を再生してみましょう。

このまま再生するとLoopブラウザーの「プロジェクトの再生に合わせる」が有効になっているため、選択されているループのプレビューも同時に鳴ってしまいます。Loopブラウザーの「プロジェクトの再生に合わせる」ボタンをクリックしてオフ（消灯）にして、さらにトランスポートパネルの「サイクル」もオフに（消灯）してから、再生しましょう。

「プロジェクトの再生に合わせる」をオフに

「サイクル」をオフに

Chapter 3「トラックの名前をパート名に変更する」（104ページ）を参考に、ループを読み込んだトラックを「Drum Loop」と変更し、Chapter 2「プロジェクトの保存」（74ページ）を参考に保存しておきておきましょう。

トラック名を変更しておく

応用

ドラムエディターで思いどおりのドラムパターンを作成する

この Chapter では、Cubase 付属のループファイルを使ってドラム・パートを作成しました。ループファイルは、ドラッグ＆ドロップするだけで簡単にドラム・パートを作成できて便利ですが、今後、自分がイメージするドラムパターンを作成したい、というような場合、イメージどおりのドラムパターンのループが見つかるまで探し続けるより、MIDI データとしてドラムパターンを作成するほうが手っ取り早い場合もあります。

そこで、ここではドラムの MIDI データを作成する専用の「ドラムエディター」を使って、オリジナルのドラムパターンを作成する方法を解説します。

なお、ここでは、VST インストゥルメントとして「Groove Agent SE」を使用した例で解説しますが、HALion Sonic のドラム音色を試してみたいという場合には、後述する「**HALion Sonic でドラム音色を選択する**」（129 ページ）を参考にドラムの音色を選択して操作してください。

■新規プロジェクトを作成する

ここでは新規にプロジェクトを作成し、そこに新しくドラムパターンを作成します。

ヒント

Cubase は複数のプロジェクトを開いておくことができますが、有効になるのは 1 つのプロジェクトのみです。開いているプロジェクトは「ウィンドウ」メニューに表示され、有効になっているプロジェクトにはチェックマークがつきます。有効なプロジェクトを切り替えるには、「ウィンドウ」メニューから有効にしたいプロジェクトファイル名をクリックします。（→ **Chapter 6 コラム**〔179 ページ〕も参照）

手順

1 「ファイル」メニュー（①）より「新規プロジェクト」（②）をクリックします。

①「ファイル」メニュー
②「新規プロジェクト」

2 Chapter 1「Cubase の起動とプロジェクトの作成」の手順2（29ページ）を参考に、「steinberg hub」ウィンドウで、空の新規プロジェクトを作成します。

■Groove Agent SE の インストゥルメントトラックを作成する

Chapter 2「新規トラックの作成」（50ページ）を参考にインストゥルメントトラックを作成します。「トラックを追加」ウィンドウでは、「インストゥルメント」欄（①）をクリックしてメニューから「Drum」（②）→「Groove Agent SE」（③）を選択し、「トラックを追加」（④）をクリックします。

①「インストゥルメント」欄
②「Drum」
③「Groove Agent SE」
④「トラックを追加」

Groove Agent SE のトラック（次ページ図⑤）が作成され、Groove Agent SE が開きます。Groove Agent SE が表示されない場合には「ルーティング」にある Groove Agent SE のアイコンをクリックします（次ページ図⑥）。

Chapter 4　付属のループファイルでドラム・パートを作成しよう

応 用

▣プリセットのキットをアサインする

デフォルトの状態では、ドラムの音はアサインされていないので、プリセットのキットを読み込みます。

手順

1 「プリセット」欄（①）をクリックします。

2 プリセットブラウザーが開きます。

3 Groove Agent SE はドラム専用音源で、たくさんのライブラリーが表示されます。
ここでは、「Content Set」欄で「Studio Kit SE」（②）を選択し、「Category」欄で「Drum&Perc」（③）を選択し、「結果」欄から「Brothers In Need」（④）をダブルクリックして選択します。

応用

4 キットが読み込まれ、ウィンドウ右のイラストでドラムのパーツをクリックするか、ウィンドウ左のパッドをクリックすると、アサインされているドラムパーツの音が鳴ります。

ヒント

それぞれのパッドには、下にアサインされているパーツ名が、右上に MIDI キーボードでの対応キーが表示されています。たとえば、デフォルトの状態で左隅の一番下のパッドには「C1」と「Kick」と表示されており、このパッドにはキック（バスドラム）の音がアサインされており、MIDI キーボードで C1 の鍵盤を弾くと鳴る、ということがわかります。

Chapter 4　付属のループファイルでドラム・パートを作成しよう　127

応用

■グループ

　Groove Agent SE では、数多くの音色を管理するために8つのグループが用意されており、キットを読み込むとデフォルトでは「3」が有効になっています。このグループ「3」には、ロックやポップスなどでよく使われるキックやスネア、ハイハットなどのパーツがアサインされています。他のグループに切り替えるには「グループ」ボタンをクリックします。

「グループ」ボタン

ヒント

パーツがアサインされているグループは、ボタンの上側のランプがオレンジ色に点灯しています。

このグループには
アサインされていない　　　　　　　アサインされている

■HALion Sonic でドラム音色を選択する

HALion Sonic のドラム音色を使用したい場合は、以下の手順でドラム音色を選択します。

手順

1. Chapter 3「コードの音を鳴らす」の「インストゥルメントトラックを作成する」（87 ページ）を参考に HALion Sonic がアサインされたインストゥルメントトラックを作成します。
2. HALion Sonic のプリセットブラウザー欄で、「Category」（①）をクリックしてメニューから「Drum & Perc (Percussion)」（②）→「Drumset GM」（③）をクリックします。
3. 「All」のアイコン（④）をクリックします。
4. 表示されるリストから「[GM129] Stereo GM Kit」をダブルクリックすると（⑤）スロットに読み込まれます。

Chapter 4　付属のループファイルでドラム・パートを作成しよう

応用

■ドラムエディターを使ってドラムパターンを作成する

Groove Agent SE とドラムエディターを使って、ドラムパターンを作成してみましょう。

Chapter 2「イベントを適正な位置に作成または移動するスナップ設定」（49ページ）を参考に「スナップオン／オフ」は点灯してオンに、「グリッドの間隔」は「小節」に設定します。

ドラムエディターを開く

手順

1 Chapter 2「新規イベントの作成」（52ページ）を参考にツールボックスから鉛筆ツールを選択し、インストゥルメントトラックの先頭でクリックして1小節分のイベントを作成します。

2 作成したイベントを選択した状態で、「MIDI」メニュー（①）の「ドラムエディターを開く」（②）をクリックします。

ドラムエディターが開きます。

ドラムエディターはキーエディターと構造がよく似ていますが、キーエディターが音の高さを鍵盤で表示していたのに対し、ドラムエディターでは、ドラムのパーツ名が表示されています。

ヒント
「ピッチ」欄には、対応するMIDIキーボードのキーが表示されています。

ドラムパターンを入力する

ここでは、8ビートのドラムパターンのデータを1小節分入力します。次の表のようなイメージです。

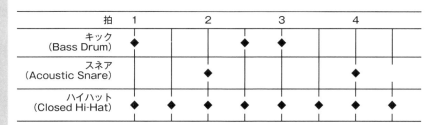

手順

1 これから8ビートのドラムパターンを入力するので、入力する間隔は8分音符になります。「クオンタイズプリセット」(次ページ図①)をクリックして「1/8(8分音符)」(次ページ図②)を選択します。

Chapter 4　付属のループファイルでドラム・パートを作成しよう

応用

2 ツールボックスからドラムスティックツール（③）を選択します。

3 キック（Bass Drum）の1拍目、2拍目の裏、3拍目を、またスネア（Acoustic Snare）の2、4拍目をクリックして入力します。

ヒント
位置を表すルーラーに「Groove Agent SE 01」（数字はいくつGroove Agent SEを起動しているかによって変わる）と表示され、数字が隠れて拍の位置が見にくいので、よく確認しながら入力しましょう。

ヒント
入力したデータを削除するには、もう一度データをクリックします。

4 ハイハット（Closed Hi-Hat）の各グリッド線上をクリックして、それぞれの拍とその裏に入力します。

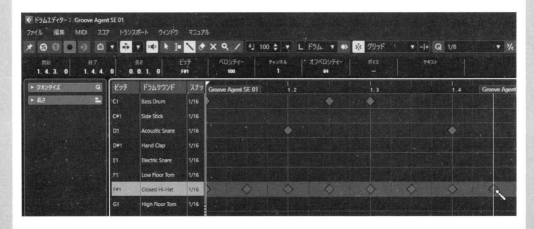

これで8ビートパターンが作成できました。再生して聞いてみましょう。

■ベロシティの調整

　ドラムエディターでは、データを選択したときのみ、下部に選択したパーツのベロシティグラフが表示されます。ベロシティを編集したいパーツのデータ、たとえばAcoustic Snareのデータを選択してベロシティのグラフを表示し、強くしたい場合には上へ、弱くしたい場合には下へドラッグします。

　このとき、ドラムスティックツールのままクリックするとデータが削除されていまうので、データを選択する際には必ず選択ツールに持ち替えてください。選択ツールに持ち替えても、ベロシティグラフにカーソルを近づけると自動的に鉛筆ツールになるので、続けて作業ができます。

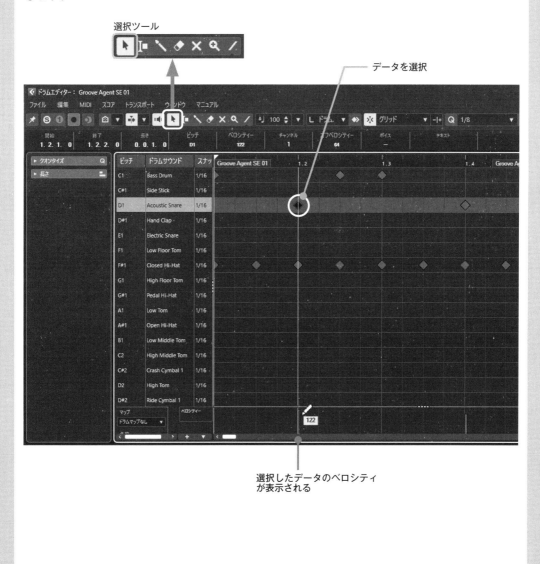

応用

■Groove Agent SEのINSTRUMENT（インストゥルメント）とPATTERN（パターン）

Groove Agent SE は、デフォルトではプロジェクトのトラックにある MIDI データに対応してパッドにアサインされた音色が鳴る「INSTRUMENT（インストゥルメント）」モードで起動しますが、「PATTERN」スイッチをクリックして「パターンモード」にすると画面が変わり、選択されているキットに応じて、パッドにプリセットのパターンがアサインされた状態になります。

パッドをクリックすると、クリックしている間だけアサインされたドラムパターンが再生されます。

「Play」ボタンをクリックすると、「Stop」ボタンをクリックするまで選択されたパッドにアサインされたパターンが再生されます。これならいろいろなパッドをクリックして聴き比べながら、お気に入りのパターンを探すことができます。

応用

　このパターンは、パッドをドラッグしてそのままインストゥルメントトラックにドロップすると、MIDIデータのイベントになります。

　このプリセットのパターンは、人間らしい演奏になるように制作されたパターンで、なおかつジャンルも豊富なので、曲のドラムパターンとしてそのまま使ったり、ドラムパターン作成の参考にしたり、さまざまに活用できます。

コラム あれ？　プロジェクトを開いたら、いつもと画面が違う……？

保存しておいたプロジェクトを新たに開いたとき、閉じたときとどことなく画面が違うというときがあります。よく見ると、これまで表示されていた左ゾーンと右ゾーンが表示されない状態になってしまっているのです。

各ゾーンを表示するには、プロジェクトウィンドウの右上にあるゾーン表示のアイコンをクリックします。左から、左ゾーン、下ゾーン、右ゾーンというように並んでいます。クリックするたびに表示と非表示が切り替わり、アイコンが点灯していると表示の状態です。

たとえば、プロジェクトゾーンを目一杯広く使いたいときには、右ゾーンを非表示にしておくとよいでしょう。逆に左ゾーンは、制作や設定などで確認や操作をすることが多いので、常時表示しておくことをお勧めします。

Chapter 5

メロディを入力しよう①
～リアルタイム入力編

　Chapter 3 ではコードトラックを利用して伴奏パート
を作り、Chapter 4 ではそこにドラム・パートを追加し
ました。
　今度はメロディを加えていきます。このメロディの入力
方法には、いくつかの方法があります。好みのやり方でで
きるようにそれぞれ順に解説していきます。本 Chapter
では MIDI キーボードを使ったリアルタイム入力を解説し
ます。

メロディの入力をはじめる前に

メロディの入力方法で代表的なものは次の3つです。

●MIDI リアルタイム入力

曲の再生にあわせて MIDI キーボードやオンスクリーンキーボードを演奏し、メロディを MIDI データとして入力します。

●MIDI ステップ入力

曲を止めた状態で、キーエディターによるマウスステップ方式でメロディを MIDI データとして入力します。

　➡ボーカロイドも入力できます。**Chapter 6 応用「ボーカロイドで新規にデータを入力する」**（177 ページ）をご覧ください。

●オーディオ録音

曲を再生させながら、それにあわせてエレキギターを演奏したり歌を歌ったりしてオーディオデータとしてメロディを録音します。

　➡シンセサイザーの演奏も録音できます。**Chapter 7 応用「シンセサイザーなどのライン楽器をステレオで録音する方法」**（196 ページ）をご覧ください。

本 Chapter からは、上記の入力方法を順番に、伴奏だけが用意された状態から解説していきます。他の入力方法もあわせておこなう際に、すでに他の方法で入力したメロディトラックが同時に鳴ってしまって入力しにくいという場合は、必要の

ないトラックをミュートするなどしておくとよいでしょう。すべての方法を試してみれば、Cubase シリーズでの入力方法をより理解できることになるでしょう。

入力／録音するメロディ

これから入力／録音するメロディは、次の楽譜のとおりです。

ヒント
これは、ベートーヴェンの交響曲第9番、第4楽章《歓喜の歌》のメインフレーズです。

入力前の準備

■曲の開始を２小節、後ろにずらす

　現在、曲は１小節目からはじまっています。このままでは演奏のタイミングがちょっと早くなるだけで、先頭の音がきちんと入力（録音）されないことがあります。余裕をもって１音目から正しく入力（録音）するために、曲の開始を２小節後ろにずらし、３小節目からはじまるようにしておきます。よって、実際のメロディの入力はプロジェクトの３小節目からになります。

手順

1 「スナップオン／オフ」ボタン（①）はオンに、「グリッドの間隔」（②）は「小節」（③）にします。

2 Chapter 2「複数のデータ／イベントの選択」（53 ページ）の【手順C】プロジェクト内、エディター内のデータやイベントをすべて選択する場合を参考に、すべてのイベントを選択します（④）。

3 選択したイベントの中の任意のイベントを右方向へドラッグして、曲の先頭が3小節目にくるよう調整します。

> **ヒント**
> あとからコード進行を確認したくなったときのために、念のためコードトラックも他のトラックといっしょに移動しておきます。

■メトロノーム／クリック設定

入力の際のガイドとして、また入力したあとリズムをチェックする際のガイドとして、録音／再生の際はメトロノームを鳴るように設定しておきます。Chapter 2「メトロノーム（クリック）の設定」（72ページ）を参考に、トランスポートパネルで「メトロノームクリックを有効化」をクリックして点灯し、オンにしておきます。

「メトロノームクリックを有効化」

■テンポの設定

ここでは、テンポをデフォルトの「120」から「130」に変更して入力をおこないます。Chapter 2「テンポの設定」（73ページ）を参考にテンポを変更します。

テンポ

準備ができたら、これから各入力方法に分かれて実際にメロディを入力していきましょう。

リアルタイム入力の実践

　これから MIDI キーボードを弾いてデータを入力しますが、MIDI キーボードが用意できなくても、鍵盤をパソコンのキーボードで代用する「オンスクリーンキーボード」機能を利用すれば同様に操作できるので、ぜひトライしてみてください。オンスクリーンキーボードで入力する際、以降の説明は「MIDI キーボード」を「オンスクリーンキーボード」に読み替えて操作してください。

➡ オンスクリーンキーボードについては、**Chapter 2「選択した音色を確認する方法」**(59 ページ) の【手順C】「オンスクリーンキーボードで確認する」を参考にしてください。

■MIDI トラックの作成とトラック名の入力

　データを入力するトラックを作成します。同じタイプのトラックが並んでいたほうが、あとの編集操作などがやりやすいので、MIDI トラックであるギターのトラック「A.Guitar」の下に作成します。

手順

1 A.Guitar トラックを選択した状態で右っクリックし、「トラックを追加」→「MIDI」を選択します。

ヒント

トラックを選択してから作成すると、選択したトラックのすぐ下に新しいトラックが追加されます。ここでは「A.Guitar」トラックを選択してから作成します。

Chapter 5　メロディを入力しよう①　141

2「トラックを追加」が開くので「出力グループと出力チャンネル」欄をクリックし「チャンネル4」を選択します。
3「名前」欄で「Melody」と入力します。
4「トラックを追加」をクリックします。

「出力グループと出力チャンネル」
「名前」
「トラックを追加」

■音色のアサイン

作成した「メロディ」トラックの音色をアサインします。これは、すでにエレピとベース、ギターの音をアサインしたHALion Sonic SEでおこないます。

Chapter 3「コードを鳴らす音色を選ぶ」（88ページ）を参考にHALion Sonic SEの4パート目にメロディの音色としてシンセリードを読み込みます。

ここでは「Category」欄をクリックして「Synth Lead」→「Analog」をクリックし、「ALL」のアイコンをクリックして表示されるリストから「All the Lovers」をダブルクリックします。

142

■リアルタイム入力

138ページ**「入力/録音するメロディ」**の楽譜を見ながらMIDIキーボードを演奏し、メロディをリアルタイム入力で入力します。実際の入力は、プロジェクトの3小節目からになります。

手順

1 「Melody」トラック（①）をクリックして選択すると、自動的に「録音可能」（②）が点灯します。点灯しない場合にはクリックして点灯させます。

2 ここでMIDIキーボードを弾くと、「Melody」トラックの入力レベルメーター（③）が上に向かって反応し、シンセリードの音が鳴ります。

ヒント

このとき「E.Piano」トラックの入力レベルメーターもいっしょに反応しますが、このまま入力をおこなっても「E.Piano」トラックには何もデータは入力されないので、気にせず操作を続けてください。

①「Melody」トラック
②「録音可能」
③入力レベルメーター

Chapter 5　メロディを入力しよう①

3 Chapter 2「**再生などトランスポートの操作**」(61ページ) を参考に、ショーカット、あるいはトランスポートパネルを使って曲を先頭に戻したあと、ショートカットの*キーを押すか、トランスポートパネルの「録音」ボタン (④) をクリックして録音を開始します。

4 最初の2小節はメトロノーム音が1拍ずつ鳴ります。メトロノーム音を8回聞いたあと、3小節目から MIDI キーボードを弾きます。

5 弾き終わったらショートカットの0キーを押すか、トランスポートパネルの「停止」ボタン (⑤) をクリックして停止します。

これで「Melody」トラックにメロディが入力できました。

Chapter 2「**再生などトランスポートの操作**」(61ページ) を参考にショートカットの.キーやトランスポートパネルを使って曲を先頭に戻し、再生してどんな演奏になったか聞いてみましょう。

入力したMIDIデータの編集方法

入力がうまくいかなかったときには、MIDIデータを編集する方法がいくつかあります。

■リアルタイム入力自体をやりなおす

入力途中で音を抜かした、かなり音やリズムがずれたなど、直すより弾きなおしたほうが早い場合には入力自体をやりなおします。次の2つの方法があります。

元に戻す（アンドゥ）

入力直後であれば、簡単に入力操作自体を取り消してやりなおすことができます。

Chapter 2「元に戻す（アンドゥ）／再実行（リドゥ）」（73ページ）を参考に、「編集」メニューから「元に戻す」をクリックするか、ショートカットの Ctrl + Z キーを押します。直前のリアルタイム入力が取り消されてイベントが削除され、MIDIデータを入力する前の状態に戻ります。

ヒント
アンドゥ操作を取り消すことを「再実行（リドゥ）」といいます。「編集」メニューから「再実行」をクリックするか、ショートカット Ctrl + Shift + Z キーを押します。

Chapter 5　メロディを入力しよう①

削除（デリート）

MIDI データを入力したイベントを選択し、「編集」メニューから「削除」をクリックするか、ショートカットの BackSpace キーまたは Delete キーを押します。

どちらの操作でも MIDI データを入力したイベントが削除されるので、改めて 143 ページ「**リアルタイム入力**」を参考に、リアルタイム入力をやりなおしましょう。

全体的なタイミングのずれをイベント移動で修正する

リアルタイム入力では、個々のデータがバラバラにずれるのではなく、全体的に前後にずれてしまうことがあります。このような場合には、全体の演奏を前後にずらして修正します。これは、MIDI データが入力されたイベントを左右にドラッグすることでおこないます。

入力した MIDI データの音がメトロノーム（クリック）より遅れて聞こえている場合には MIDI イベントを前（左）に、早く聞こえている場合には後ろ（右）に移動します。

縦／横方向に拡大する

Chapter 2「プロジェクト／エディター内の拡大と縮小」（54 ページ）を参考に、データがよく見えるようにイベントを拡大しておきます。

ブロックがよく見えるよう拡大する

スナップをオフにする

ここでは微妙なタイミングにイベントを移動させるため、「スナップオン／オフ」をクリックして消灯し、オフにします。

「スナップオン／オフ」

イベントをドラッグしてタイミングを修正する

用意ができたら、イベントをドラッグして移動します。前（左）へ移動させるのと、後ろ（右）に移動させるのでは手順が違うので注意してください。

イベントを後ろにずらす

後ろにずらす場合には、イベントをそのまま右方向へドラッグします。何度か再生しながらタイミングを見極めましょう。

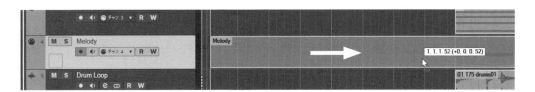

イベントを前にずらす

リアルタイム録音で作成されたMIDIイベントは1小節1拍目からはじまっているため、これ以上左にドラッグして移動することができません。

ただ、このMIDIイベントの最初の2小節はカウント用の予備の小節で何も録音されていません。そこで、この先頭の無音部分のイベントを縮めてスペースを確保してからなら、左に移動することができるようになります。

手順

1 イベントの左隅にカーソルを当てると、カーソルが「↔」になります。

2 左にドラッグして、先頭のデータの少し手前までイベントを短くして、イベントの前に移動するための余白を空けます。

3 イベントを左方向にドラッグしてタイミングをあわせます。

微細なタイミングのずれを「クオンタイズ」で修正する

前項とは逆に、全体的なタイミングはいいのだけど、ところどころリズムが前後にずれている、というときには「クオンタイズ」機能を使って修正します。

ヒント

クオンタイズ機能は、イベントの状態でも実行できますが、どのタイミングのデータがどれくらい修正されたかがわかりにくいので、ここではキーエディターを表示した状態でおこないます。

キーエディターでクオンタイズを使って修正する

手順

1 Chapter 2「MIDI エディターの表示」（63 ページ）を参考に、キーエディターを開きます。

2 Chapter 2「プロジェクト／エディター内の拡大と縮小」（54 ページ）を参考に、タイミングや音の高さがわかるよう、縦横ともに拡大します。

3 どの音符単位でクオンタイズするかですが、**修正したいノートの中で一番短い音符**を単位にするのがセオリーです。

ここではリアルタイムで入力したメロディ全体をクオンタイズで修正するので、**修正したいノートの中で一番短い音符**は8分音符になります（138ページ楽譜参照）。

「クオンタイズプリセット」（①）を「1/8」（②）にします。

Chapter 5 メロディを入力しよう① 149

キーエディターの縦のグリッド線が 8 分音符の単位になります。
ブロックの左端が本来ならすべてグリッド線にくっついていなくてはいけないのですが、生の演奏だけあってずれているのがわかります。

4 すべてのノートデータを修正するので、何も選択しないでそのまま進みます。
逆に特定の範囲内のノートデータにクオンタイズをかけたいときには、クオンタイズをかけたい範囲を囲むようにドラッグして選択しておきます。

5 Chapter 2「**クオンタイズ**」(68 ページ) を参考に「編集」メニューから「クオンタイズ」をクリックするか、ショートカットの Q キーを押してクオンタイズを実行すると、グリッド線にブロックの左側がぴったりとあわせられ、タイミングが修正されます。

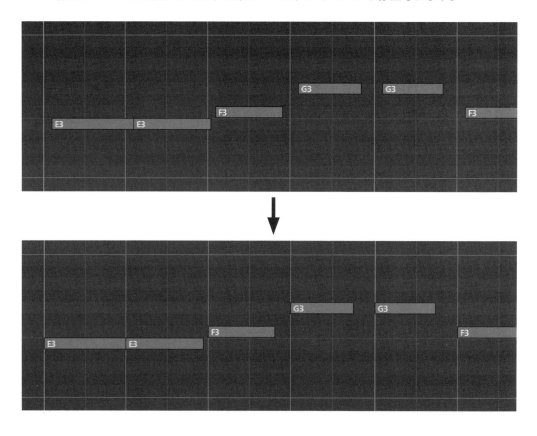

上記手順では思ったとおりに修正できなかった場合や、また、音の長さや高さ、強さを修正したい場合は、次項に進んでください。

◾1つひとつの音をエディターで修正する

　入力（録音）する音の高さを間違えた、あるいはクオンタイズでも思ったとおりにタイミングがあわなかった、そういう場合は、ノートデータのブロックを直接ドラッグして修正します。

　「スナップオン／オフ」を点灯してオンにし、「クオンタイズプリセット」を**修正したいノートの中で一番短い音符**、ここでは「1/8」（8分音符）にします（138ページ楽譜参照）。

　また、細かい作業になるので、Chapter 2「プロジェクト／エディター内の拡大と縮小」（54ページ）を参考に、タイミングや音の高さがわかるように、縦横ともに十分に拡大しておきます。

> **ヒント**
> 拡大すると、すべてのノートが表示しきれなくなります。Chapter 2「ウィンドウのスクロール」（55ページ）を参考に、ウィンドウをスクロールして修正したいノートを表示しておきます。

Chapter 5　メロディを入力しよう①

タイミングを修正する

グリッド線を目安に、ブロックを正しい位置までドラッグします。

音の長さを修正する

ブロックの右端にカーソルを当てると、カーソルが「↔」になるので、正しい長さになるようにドラッグします。

音の高さを修正する

ブロックを上または下にドラッグして、正しい高さに移動します。

不要なノートデータを削除する

不要なブロックをクリックして選択し、「編集」メニューの「削除」をクリックするか、ショートカットの BackSpace キーまたは Delete キーを押します。

ヒント

ツールボックスにある、削除ツール で不要なブロックをクリックしても削除できます。

Chapter 5　メロディを入力しよう①　153

音の強弱を修正する

MIDI キーボードでの演奏で強弱がバラバラになってしまい、音の大きさが強すぎたり弱すぎたりしている場合には「ベロシティ」を調整します。

ヒント

Cubase では、デフォルトで、ベロシティの状態がひと目でわかるよう、ベロシティが弱いブロックは青、中くらいのブロックは紫、強いブロックは赤、というように色づけして表示されます。ベロシティ修正の参考にしてください。

手順

1 キーエディターの鍵盤の下部に「ベロシティ」（①）と表示されているのを確認します。このとき、キーエディター下の縦の棒グラフ（②）が音の強弱を表しています。

①「ベロシティ」

②音の強弱を表す棒グラフ

ヒント

別の項目が表示されている場合には、項目をクリックして、表示されるメニューから「ベロシティ」を選択します。

[ベロシティ]

154

2 Chapter 2「ツールの選択」(48 ページ) を参考にオブジェクトの選択ツール を選択します。

3 棒グラフにカーソルを近づけると自動的に鉛筆ツール になるので、棒グラフを上下にドラッグしてベロシティを変更します。

> **ヒント**
> ノートデータのブロックを選択した状態で、キーエディター上部の「ベロシティ」の数値をダブルクリックして反転させて数値を入力する、あるいは数値を上下にドラッグすることでもベロシティを変更できます。数値が大きいほどベロシティが強い＝音が大きくなります。設定できる値は 0 から 127 までです。

　修正が終わったら、ウィンドウ右上の「×（閉じる）」ボタンをクリックしてキーエディターを閉じます。

■スコアエディターでデータを見てみる

　リアルタイム入力でメロディを入力した「Melody」トラックのイベントを選択し、「MIDI」メニューの「スコア」から「スコアエディターを開く」をクリックするとスコアエディターが開き、入力したデータを楽譜の状態で確認できます。

　このスコアエディターでも、音符をドラッグして音の高さやタイミングを編集することができます。

　またここで入力したMIDIデータは、コピペするだけでボーカロイドに歌わせることができます。くわしくは、**Chapter 6 応用「入力したMIDIデータをボーカロイドで歌わせる方法」**（168ページ）をご覧ください。

Chapter 6

メロディを入力しよう②
～ステップ入力編

　MIDI キーボードを使ったメロディのリアルタイム入力に続いて、ステップ入力を解説します。ステップ入力とは、Chapter 5 でデータの修正に使ったキーエディターで、マウスを使って1つずつデータを入力していく方法です。曲を停止した状態で入力していくので、キーボードの演奏が苦手な人でも確実に入力していくことができます。

ステップ入力の準備

　あらかじめ Chapter 5「入力前の準備」(139 ページ) を参考に、「スナップオン／オフ」を点灯してオンに、「グリッドの間隔」を「小節」にしたあと、曲の先頭に2小節分の空白を空け、テンポなどの設定をおこないます。

　また Chapter 5「MIDI トラックの作成とトラック名の入力」(141 ページ)、「音色のアサイン」(142 ページ) を参考に「Melody」トラックを作成し、「Melody」トラックがシンセリードの音で鳴るよう音色をアサインしておきます。

「スナップオン／オフ」をオンに
曲の先頭を3小節1拍目に
「グリッドの間隔」を「小節」に
「Melody」トラックを作成、音色をアサインする
テンポを「130」に
「メトロノームクリックを有効化」をオンに

◼キーエディターでのステップ入力の準備

これから入力するのは8小節のメロディです。ここでは、コードトラックでコードイベントを作成したときと同じように、前半の4小節をまずこれから説明するステップ入力で入力したあと、それをコピペして合計8小節のデータを作成します。

実際に入力するのは、プロジェクトの3小節目からです。

キーエディターを開く

4小節分のイベントを作成し、キーエディターを開きます。

手順

1 Chapter 2「新規イベントの作成」(52ページ) を参考に、ツールボックスから鉛筆ツール✏を選択し、3小節目から7小節目の先頭までドラッグして4小節分のイベントを作成します。

2 Chapter 2「MIDI エディターの表示」（63 ページ）を参考にキーエディターを開き、Chapter 2「プロジェクト／エディター内の拡大と縮小」（54 ページ）を参考に、横幅はこれから入力する 3 小節目がすべて表示されるよう、縦幅は鍵盤上の「C3」や「C4」という文字と数字がしっかりと確認できるよう、拡大します。

ノートナンバーについて

　Cubase では、MIDI データの高さはアルファベットを用いて「C（ド）、D（レ）、E（ミ）、F（ファ）、G（ソ）、A（ラ）、B（シ）」というように表します。その際、同じ C でもどの高さの C なのかを表すために、後ろに数字をつけて表します。いわゆる「中央のド」＝「C3」を基準に、数字が大きくなると音が高くなり、小さくなると音が低くなります。

　これから入力するメロディでは、中央のド（C3）からそのすぐ上のソ（G3）までを使います（前ページ楽譜参照）。**Chapter 2「ウィンドウのスクロール」**（55 ページ）を参考に、スクロールバーまたはマウスホイールを操作して、キーエディター左の鍵盤で必要な高さの鍵盤が表示されるよう、上または下にスクロールして調整しておきます。

ステップ入力の実践

◼ メロディの1小節目(プロジェクトの3小節目)の入力

1〜2小節目は予備のための空白の小節です。メロディは3小節目から入力していきます。

ステップ入力では、ノートデータであるブロックの長さは「クオンタイズプリセット」で決定されます。たとえば、「クオンタイズプリセット」を「1/4」に設定してクリックすると4分音符が、「1/8」に設定していてクリックすると8分音符が入力されます。状況に応じて「クオンタイズプリセット」を切り替えながら入力します。

手順

1 キーエディターのツールボックスから鉛筆ツール (①) を選択します。

2 これから入力するメロディの最初の3小節は4分音符だけです。
こういう場合は多く入力する音符に設定したほうが便利なので、「クオンタイズプリセット」(②) を「1/4」(③) にします。
また、正確な位置に入力するために「スナップオン/オフ」(④) を点灯してオンにしておきます。

Chapter 6 メロディを入力しよう②　161

3 3小節目の先頭（1拍目）でミ（E3）の位置をクリックして入力します。

4 同じく2拍目もミ（E3）の位置でクリックします。
5 3拍目はファ（F3）の位置でクリックします。
6 4拍目はソ（G3）の位置でクリックします。

これで、最初の1小節が入力できました。

■メロディの2～3小節目（プロジェクトの4～5小節目）の入力

前項「1小節目の入力」を参考に、スクロールしながらプロジェクトの4～5小節目を入力します。

■メロディの4小節目（プロジェクトの6小節目）の入力

メロディの4小節目（プロジェクトの6小節目）は、これまでと違い、付点4分音符、8分音符、4分音符が順番に登場します。順を追って説明します。

手順

1　「クオンタイズプリセット」（①）を「1/8」（②）に設定します。

最初の音符が付点4分音符なので「1/4付点」では？　と思われるかもしれませんが、ここでは一番短い音符を選択しておき、それより長い音符はドラッグして入力します。そうすることで、入力のたびに「クオンタイズプリセット」を選択しなおすという手順を減らして、よりスムーズに入力することができます。

2 1拍目のミ（E3）の位置でクリックしたら、そのままマウスボタンから指を離さずにマス目3つ分までドラッグして付点4分音符を入力します。

> **ヒント**
> 付点4分音符は、8分音符3つ分の長さの音符です。

3 2拍目の裏（4つ目のマス）のレ（D3）の位置でクリックして（③）8分音符を入力します。

③クリック

4 3拍目（5つ目のマス）のレ（D3）の位置でクリックしたら、そのままマウスボタンから指を離さずにマス目2つ分まで

> **ヒント**
> 4分音符は、8分音符2つ分の長さの音符です。

ドラッグして4分音符を入力します。

これで前半の4小節分の入力が終了しました。

■入力に失敗したら

　Chapter 2「**元に戻す（アンドゥ）／再実行（リドゥ）**」（73ページ）を参考に操作をもとに戻すか、Chapter 5「**1つひとつの音をエディターで修正する**」（151ページ）を参考に、間違えたノートデータのブロックを修正しましょう。

■後半の4小節をコピペで作成する

手順

1 ここまでの作業で作成した前半の4小節を、イベントの状態で7～10小節目にコピペするため、一度キーエディターを閉じます。

2 Chapter 2「**コピー＆ペースト（コピペ）**」（56ページ）を参考に、前半の4小節のイベントを7小節目以降にコピペします。

■後半4小節目（プロジェクトの10小節目）の修正

前半と後半では、最後の小節が少し違います。ここを修正します。
手順の詳細については、Chapter 5「1つひとつの音をエディターで修正する」（151ページ）も参照してください。

手順

1. Chapter 2「MIDIエディターの表示」（63ページ）を参考に、コピペで作成した後半4小節のイベントを選択してキーエディターを開き、スクロールして10小節目を表示します。

2. オブジェクトの選択ツール ▶ に持ち替えます。
3. 最初の2つのデータは、音の高さが違います。それぞれのブロックをドラッグして、1つめの「ミ（E3）」を「レ（D3）」に、2つ目の「レ（D3）」を「ド（C3）」に修正します。

4 最後のデータは、高さと長さが違います。

まず音の高さを修正します。ブロックをドラッグして「ド（C3）」に修正します。

次にブロックの右端にカーソルを近づけて「↔」になったら、合計マス目4つ分の長さになるようドラッグします。

ヒント
2分音符は、8分音符4つ分の長さの音符です。

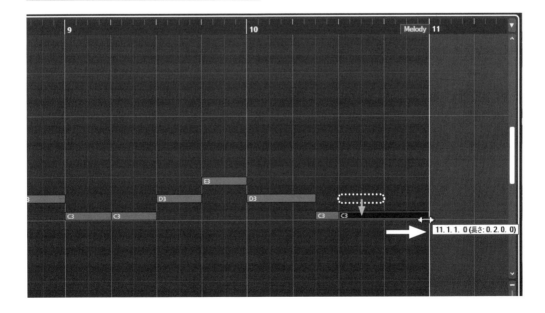

これでステップ入力によるメロディの完成です。

応　用

入力したメロディを
ボーカロイドに歌わせる

◼️入力した MIDI データをボーカロイドで歌わせる方法

　メロディを入力したら、歌詞をつけて歌わせたくなることがあるかもしれません。そんな
願いをかなえてくれるのが「VOCALOID（ボーカロイド）」というソフトです。以前は、こ
のボーカロイドと Cubase はまったく別々のソフトだったため、伴奏を Cubase で作成し、メ
ロディと歌詞の入力をボーカロイドでおこない、それぞれのデータを書き出したり読み込ん
だりしてミックスしていましたが、ボーカロイド 6 では Cubase 上で直接ボーカロイドのデー
タを作成できます。

　ここでは Chapter 5 と 6 で作成したメロディのデータを、ボーカロイド 6 に読み込ませて
歌わせる手順を紹介します。ボーカロイド 6 を使ってゼロからデータを作成する方法につい
ては、177 ページ「**ボーカロイドで新規にデータを入力する**」をご覧ください。

　注意 ここでは、Cubase 内で同期してボーカロイドのデータを制作できる、別売りの
「VOCALOID6」を使った例を解説しています。Cubase シリーズにはこの「VOCALOID6」
は付属していません。
　なお、ここでの解説には、原稿執筆時の最新版、ボーカロイドバージョン 6.5 を使っています。
バージョンが異なると手順が異なることがあります。あらかじめご了承ください。

◼️ボーカロイド 6 と Cubase を連携させる設定

　ボーカロイド 6 は、Cubase に付属している HALion Sonic や Groove Agent SE と同じ「VST
インストゥルメント」として機能するようになっています。Cubase プロジェクト内でボーカ
ロイド 6 を使用すると Cubase プロジェクトにボーカロイド 6 の情報もいっしょに記録する
ことができます。

ボーカロイドに歌わせるための準備

　ボーカロイドのデータの中身も実は MIDI データなのです。よって、Cubase では、リアル
タイムやステップで入力した MIDI データを利用すれば、簡単にボーカロイドで歌わせるメ
ロディが作成できます。ここではこれまで作ってきた曲のメロディを、いちど MIDI データ
として書き出し、そのデータをボーカロイドに読み込むことで、ボーカロイドに歌わせるデー
タを作成します。

応用

■入力ずみの MIDI イベントを ボーカロイドのトラックに読み込む

ボーカロイドのトラックを作成する

ボーカロイド用のインストゥルメントトラックを作成します。

手順

1 ボーカロイドのトラックを作成します。場所は任意ですが、ここでは Melody トラックの下に作ります。**Chapter 2「新規トラックの作成」**(50 ページ) を参考に、「Melody」トラックを選択した状態で (①) 右クリックし (②)、「トラックを追加」(③) →「インストゥルメント」(④) をクリックします。

①Melody トラックを選択　　②右クリック　　④インストゥルメント
③「トラックを追加」

2 「トラックを追加」ウィンドウが開いたら、「インストゥルメント」欄をクリックして「VOCALOID VSTi」を選択し (⑤)、「トラックを追加」(⑥) をクリックします。

⑤「VOCALOID VSTi」
⑥「トラックを追加」

ボーカロイドの入力のための「VOCALOID 6 Editor (ボーカロイドエディター)」が開きます (次ページ図参照)。

Chapter 6　メロディを入力しよう②　　**169**

応 用

ボーカロイドのトラック / VOCALOID 6 Editor

新規トラックの作成

メロディを歌わせるトラックを作成します。

手順

1 「+」マークをクリックすると（①）、「トラックを作成」が開きます。

2 ボーカロイド6になって搭載されたAIボイス、これまでのボーカロイドのボイス、伴奏やフレーズなどのオーディオから選択できます。ここでは「VOCALOID AI」（②）にチェックを入れ、あとはデフォルト（トラック名：空欄、トラック数：1、パートの長さ：4（小節）、ボイス：NAOKI）のまま「作成」（③）をクリックします。

①クリック
②「VOCALOID:AI」
③「作成」

3 ボーカロイドのトラックが作成され、トラックにはデフォルト値である4小節のかたまり「パート」(④) が表示されています。

④ 4小節のかたまり「パート」

4 データを表示するウィンドウは「MUSICAL Editor(ミュージカルエディター)」といいます。表示するにはパートをダブルクリックします。

ここで鍵盤をクリックすると、デフォルトの「NAOKI」の声で「あー」と発音されます。

応用

メロディを MIDI ファイルとして書き出す

ボーカロイドに歌わせるメロディのみを MIDI ファイルとして書き出します。

手順

1 プロジェクトウィンドウの「Melody」トラックの「S（ソロ）」ボタン（①）をクリックします。これで「Melody」トラックのみが独立して書き出すことができます。

①「S（ソロ）」ボタン

2 「ファイル」（②）→「書き出し」（③）→「MIDI ファイル」（④）をクリックします。

3 書き出す場所（⑤）とファイル名（⑥）を指定します。ここではデスクトップに「Melody」という名前をつけて「保存」（⑦）をクリックします。

応 用

4 「書き出しオプション」が開きます。ここではデフォルトのまま「OK」(⑧) をクリックします。

⑧「OK」

ボーカロイドにメロディの MIDI ファイルを読み込む

手順

1 ボーカロイド画面で「ファイル」(①) →「インポート」(②) →「MIDI ファイル」(③) をクリックします。

①「ファイル」　②「インポート」

③「MIDI ファイル」

2 デスクトップに書き出しておいたメロディの MIDI ファイル「Melody」を選択して (④)「開く」(⑤) をクリックします。

④「Melody」を選択
⑤「開く」

Chapter 6　メロディを入力しよう②　173

応用

3 「インポート設定」が表示されます。「テンポと拍子をインポート」(⑥)にチェックがついていることを確認し、「OK」をクリックします(⑦)。

⑦「OK」をクリック

4 「ボイスバンクがインストールされていません」というメッセージが表示されます。MIDIファイルにはボイスデータがないためこのように表示されます。ここではデフォルトで用意されているNAOKIに変換された状態で読み込むために、このまま「OK」をクリックします(⑧)。

⑧「OK」をクリック

MIDIデータが読み込まれました。

応 用

　このままではコピーもとの「Melody」トラックとボーカロイドのトラックが二重に再生されてしまうので、「Melody」トラックの「M（ミュート）」ボタンをクリックしてミュート状態にしてから再生します。

「M（ミュート）」ボタン

　これで、メロディが「あ」という声で再生されるようになります。

ボーカロイドに歌詞を入力する

　ボーカロイドのデータに歌詞を入力すれば、そのとおりに歌わせることができます。ここでは「み、み、ふぁ、そ」と音名を例に入力手順を説明していますが、ボカロPや作詞家になったつもりでオリジナルの歌詞を作って入力してもいいでしょう。

手順

1 スクロールバーを右にドラッグしてノートが多く表示されるようにします。

2 先頭のデータをダブルクリックして（①）、データに表示されている歌詞「あ」を反転表示させます。

3 パソコンを日本語入力モードにし、歌わせたい歌詞（ここでは音名の「み」）を入力します（②）。ここで変換候補が出ますが、ひらがなの「み」になっているのを確認して Enter キーを押します。

ヒント
Enter キーを押すのは一度だけにします。2度押してしまうと、入力待機状態が終了してしまい続けて入力ができなくなってしまいます。

①ダブルクリック　　②歌詞を入力

4 Tab キーを押すと次のデータに移動し、歌詞が反転表示になり入力待機状態になります。

5 同様に2つ目の音で歌わせたい歌詞（ここでは音名の「み」）を入力し Enter キーを押したあと、Tab キーを押して次のデータに移動します。

Chapter 6　メロディを入力しよう②　　175

応用

6 この操作を続けて歌わせたい歌詞を最後まで入力します。

これで Cubase を再生させると、入力した歌詞のとおりに歌います。

ヒント

Cubase のプロジェクトのトラックを見ると、ボーカロイドのトラック「VOCALOID VSTi」には何のイベントもないにもかかわらず、歌声が聞こえるという不思議な現象が起こっているわけですが、これは Cubase の再生情報（再生位置やテンポなど）がボーカロイドに送られているだけで、実際のデータはボーカロイド内で完結している、ということになります。

■ボーカロイドで新規にデータを入力する

ここまでは、すでに入力したMIDIデータをボーカロイドのデータに変換しましたが、最初からボーカロイドのデータとして入力することもできます。ボーカロイドでの入力は、キーエディターでのステップ入力とほぼ同じ要領でおこなえるので挑戦してみましょう。なお、ここではこのチャプターでMIDIデータを読み込んだボーカロイドトラックではなく、新規にボーカロイドトラックを作成して入力していきます。

手順

1 169ページ「ボーカロイドのトラックを作成する」を参考に、既存のトラックの下にボーカロイドのトラック「VOCALOID VSTi」を作成します。これから4小節単位で入力やコピペをおこなうので、「パートの長さ」は必ず「4」にしてください（①）。

2 ここまで作ってきた曲は、3小節目からメロディが始まっています。データの入力をおこなうパートを3小節目から始まるように移動します。

まず移動単位を小節にします。ボーカロイドエディターの「GRID」をクリックしてリストから「1/1（小節）」を選択します（②）。
パートを右にドラッグして3小節目からはじまるようにします（③）。

応用

3 ミュージカルエディター画面で、159ページに示した楽譜の前半4小節のメロディを入力します。

鉛筆ツールを選択し、音を入力するタイミングと長さを設定する「GRID」は、4分音符である「1/4」を選択します（④）。

161ページ**「ステップ入力の実践」**を参考にノートデータを入力していき、175ページ**「ボーカロイドに歌詞を入力する」**を参考に歌詞を入力します。

4 後半部のコピペをおこないます。

左上の「GRID」が「1/1（1小節）」になっているのを確認し（⑤）、165ページ**「後半の4小節をコピペで作成する」**を参考に、前半の4小節をコピペします（⑥）。

⑥コピペする

コピペした後半部分のパートが選択されていると、ミュージカルエディターにはノートが表示されます。166ページ**「後半4小節目（プロジェクトの10小節目）の修正」**を参考に、8小節目のメロディを修正し、歌詞も修正します。

ヒント
すでに入力してある歌詞を変更するには、その文字をダブルクリックします。

コラム あれ？ さっきまで作っていたプロジェクトが反応しない？

　Cubase シリーズは、基本的に複数のプロジェクトを起動することができますが、操作できる（＝有効になる）プロジェクトは1つだけです。

　複数のプロジェクトを起動して作業しているときによくあるのが、前面に表示されているのにプロジェクトが有効になっておらず、表示が普段と違っていたり、画面をクリックしても操作ができないという症状です。

　たとえば、「Back Track」「Melody」という2つのプロジェクトを起動し、「Back Track」のプロジェクトを操作しているとします。ここで、もう1つのプロジェクト「Melody」を操作したくなり、「ウィンドウ」メニューで「Melody」を選択して、「Melody」のプロジェクトを前面に表示しました（➡ **Chapter 4 ヒント**〔124 ページ〕参照）。

　しかし、トラックを選択しても、左ゾーンの「Inspector」に通常表示されるトラックの詳細が何も表示されず、ショートカットやトランスポートパネルで再生の操作をしても、隠れている「Back Track」のプロジェクトが再生されてしまいます。

　実際に操作したい「Melody」を有効にするには、プロジェクトウィンドウ左上の「プロジェクトの有効化」をクリックしてオン（点灯）にします。

　たくさんのプロジェクトを起動していると、思わぬ操作で、無効になっているはずのプロジェクトのエディターを開いて操作して「あれ？　音が鳴らない」ということにもなりかねません。特に必要がない場合は、操作しないプロジェクトやエディターはできるだけ閉じておくことをお勧めします。

Chapter 7

メロディを入力しよう③
～オーディオ録音編

　この Chapter では、ギターや歌などの「オーディオデータ」でメロディを入力（録音）します。メロディの譜面は、Chapter 5「入力／録音するメロディ」（138 ページ）、Chapter 6「キーエディターでのステップ入力の準備」（159 ページ）をご覧ください。また、ギターや歌の他にシンセサイザーの音を録音する方法も解説しています。

　外部からのオーディオ入力（録音）は、オーディオインターフェース経由でおこないます。ここではじめてオーディオインターフェースに楽器などを接続して録音することになるので、Chapter 1「オーディオデバイスの設定」（32 ページ）、「オーディオコネクション設定」（39 ページ）、「モノラルの入力バスを追加する」（40 ページ）を確認して、確実に入力（録音）がおこなえるようにしてください。

エレキギター録音編

　これからエレキギターを演奏してメロディ用のトラックに録音しますが、エレキギターをギターアンプに接続して鳴らした音をマイクで録音するのではなく、オーディオインターフェース経由でパソコンに取り込む「ライン録音」という方法で録音します。

　本書で使用しているSteinbergのオーディオインターフェースUR22Cでは、エレキギターを直接接続して録音するためのHI-Z（ハイインピーダンス）ボタンがINPUT（チャンネル）2に装備されているので、これを利用します。他のオーディオインターフェースをお使いの方は、マニュアルなどでご確認ください。また、エレキギターとオーディオインターフェースは、両端に「フォーン」という端子が装着されたケーブルで接続します。

　Chapter 5「入力前の準備」（139ページ）を参考に、曲の先頭に2小節分の空白を空け、テンポ、メトロノームなどの設定をおこなっておきます。

曲の先頭を3小節1拍目に
「スナップオン/オフ」をオンに
「グリッドの間隔」を「小節」に
テンポを「130」に
「メトロノームクリックを有効化」をオンに

182

◼オーディオトラックの作成

　これまでのリアルタイム入力やステップ入力とは異なり、エレキギターを録音するのは「オーディオトラック」になります。オーディオトラックはVSTインストゥルメントと関係はないので、どの位置に作成してもかまいません。Cubaseではトラックを作成する際、選択されているトラックの下に作成されます。ここでは一番下の「01 175 drums01」トラックの下に作成します。

手順

1 Chapter 2「新規トラックの作成」（50ページ）を参考に、「01 175 drums01」トラックを選択して（①）トラックの上で右クリックし（②）、「トラックを追加」（③）から「Audio」（④）をクリックします。

2「トラックを追加」ウィンドウが開きます。
　これから録音するのは、ギターのモノラル信号なので「構成」欄（⑤）をクリックして「モノラル」を選択し、「数」（⑥）はデフォルトの「1」のままにします。

　モノラルの入力については40ページ**「モノラルの入力バスを追加する」**をご覧ください。

Chapter 7　メロディを入力しよう③　　183

3 「名前」の欄をクリックして、「Guitar」と入力します（⑦）。

⑦「名前」

4 「オーディオ入力」欄（⑧）では、オーディオインターフェースの入力を選択します。
ここでは使用しているオーディオインターフェース UR22C の Input 1 が選択されていますが、UR22C のギターが接続できる端子（HI-Z、ハイインピーダンス）は INPUT 2 のみになっています。よってここでは、UR22C の項目をクリックしてメニューから「UR22C Input 2（Mono）」（⑨）をクリックして選択します。
UR22C Input 2 を選択すると、自動的に「モノラル in 2」と表示されます。

5 「トラックを追加」（⑩）をクリックします。

⑧「オーディオ入力」欄

⑨「UR22C Input 2（Mono）」

⑩「トラックを追加」

ヒント

HI-Z（ハイインピーダンス）って何？

インピーダンスは交流抵抗のことで、これが高いことを「ハイインピーダンス HI-Z（Z は記号、High Impedance。単位はオーム）」といいます。回路に電池を使用しないエレキギター / ベースは、一般的にこのハイインピーダンスの信号を出力するようになっています。一方、オーディオインターフェースなどの音響機器の入力はほとんどインピーダンスの低い「ローインピーダンス」の信号を受けるよう設計されており、エレキギター / ベースを接続してもきちんとした音 / 音量で録音できないことがあります。
UR シリーズでは HI-Z ボタンを押しこむことによって、エレキギター / ベースを録音することができます。

■エレキギターの接続

エレキギターをオーディオインターフェースの HI-Z（ハイインピーダンス）対応の入力端子に接続します。

手順

1 エレキギターを接続したり HI-Z（ハイインピーダンス）ボタンを押したりする際に、ノイズなどが発生する場合があります。あらかじめオーディオインターフェースの OUTPUT、PHONES（ヘッドホン）などのボリュームを下げ（①）、スピーカーなど再生機器のボリュームも下げておきます。

2 HI-Z ボタン（②）を押し込んだ状態にします。

3 エレキギターにケーブルを接続し、ケーブルのもう片方を INPUT 2（③）に接続します。ここで使用している UR22C のように MIX ツマミが装備されているオーディオインターフェースでは、MIX ツマミ（④）を右いっぱい（DAW 側）にしておきます。こうすることによって、後述する AmpSimulator などのエフェクトをかけた音をモニターしながら演奏することができます。

ヒント
UR22C には、MONO ボタン（⑤）が付いています。これは MIX ツマミを「INPUT」側にしたときやステレオトラックで録音する際にヘッドホンやモニタースピーカーから音が片側だけしか聞こえないときにオンにします。

4 「Guitar」トラックをクリックして選択し、「モニタリング」（⑥）をクリックしてオン（オレンジ色に点灯）にします。

5 エレキギターに装備されているスイッチやボリュームを操作して、エレキギターから音が出力される状態にしてエレキターを弾き、入力レベルメーター（⑦）が反応するのを確認します。

入力レベルメーターが低いところ（トラックの下のほう）で反応しているときには、音量が小さいので INPUT 2 の GAIN（⑧）を右に回して音量レベルを大きく、反対

Chapter 7　メロディを入力しよう③　　185

に入力レベルメーターの上部まで振り切ってしまっているような場合には、音量が大きすぎるので INPUT 2 の GAIN を左に回して音量を小さくします。なお、ここでの操作はギターの音がきちんと Cubase のトラックに入力されているかどうかの確認で、実際に録音する音量の調整は、このあと録音直前にもう一度改めておこないます。

> **ヒント**
> GAIN を操作しても入力レベルメーターがまったく反応しない場合は、**Chapter 1「パソコンと各機器の接続」**（28 ページ）、**「「入力」タブの設定」**（40 ページ）や、**「オーディオトラックの作成」**の手順 4、オーディオ入力の選択（184 ページ）を確認してください。

6 オーディオインターフェースの OUTPUT、PHONES などのボリュームと再生装置のボリュームを上げて、音が鳴るのを確認します。

7 録音の際に入力レベルメーターが見えやすいように「Guitar」トラックの縦幅を拡大しておきましょう。トラックの下側にカーソルを近づけて「↕」になったら下にドラッグします。

ショートカットは [Ctrl] + [↓] キーです。縦幅を拡大したいトラック（ここでは「Guitar」トラック）を選択した状態で操作します。

エフェクトを使う

そのままの素の音で録音してもいいのですが、Cubase シリーズにはギターアンプを通したようなサウンドにするエフェクト「AmpSimulator」が付属しているので試してみましょう。

AmpSimulator を開く

手順

1 「Guitar」トラックを選択し、左ゾーンにある「チャンネル」から「Inserts」（①）をクリックします。

> **ヒント**
> 「チャンネル」が表示されていない場合、プロジェクトウィンドウ右上にある「チャンネルを表示/隠す」ボタンをクリックして表示します。

2 スロットが開くので、「Insert を選択」（②）をクリックします。

3 メニューが開きます。「Distortion」(③) から「AmpSimulator」(④) をクリックして選択します。

4 AmpSimulator が開きます。

　AmpSimulator に表示されているツマミは、エレキギターで使うアンプとほぼ同じコントロールになっているので、気軽にギター向けの音作りができます。

プリセットの選択

AmpSimulator にはプリセットが用意されているので利用しましょう。

ヒント

プリセットの中には、大型アンプのディストーションサウンドをシミュレートしたものも含まれており、それを選択するといきなり大音量でギターの音が鳴ることがあります。プリセットを選択する際には、一時的にギターやオーディオインターフェース、再生装置のボリューム、そしてギターが接続されているINPUT 2 の GAIN を少し下げておきましょう。

手順

1 「プリセット」欄（①）をクリックするとプリセットが表示されます。

2 プリセット（ここでは「Vintage Rock」）をダブルクリックして選択します（②）。

①「プリセット」欄

②ダブルクリック

さらに好みの音になるよう、コントロールツマミをドラッグして調整してみましょう。

■エレキギター録音の実際

手順

1 一番強くエレキギターを弾いたときに「Guitar」トラックの入力レベルメーター（①）が80％くらいになるよう、オーディオインターフェースの INPUT 2 の GAIN ツマミ（②）を使って録音レベルを調整します。

①入力レベルメーター

②INPUT 2 の GAIN ツマミ

2 Chapter 2「**再生などトランスポートの操作**」（61 ページ）を参考に、曲を先頭に戻したあと、ショートカットの[*]キーを押すかトランスポートパネルの「録音」ボタンをクリックして録音を開始します。

3 最初の2小節はメトロノーム音が1拍ずつ鳴ります。メトロノーム音を8回聞いたあと、3小節目からエレキギターを弾いて録音します。

4 弾き終わったらショートカットの[0]キーを押すか、トランスポートパネルの「停止」ボタンをクリックして停止します。

「モニタリング」ボタンをクリックしてオフ（消灯）にして、先頭から再生して聞いてみましょう。

「モニタリング」ボタン

　録音したオーディオデータの編集については、次の Chapter8「オーディオデータの編集」（199 ページ～）をご覧ください。

ボーカル録音編

次は、マイクをオーディオインターフェースに接続して歌い、「Vocal」トラックに録音します。マイクを接続する端子にはいろいろなものがありますが、ここではXLR（またはキャノン）という端子が装着されたマイクケーブルと、マイクを接続して録音します。

Chapter 5「入力前の準備」（139ページ）を参考に、曲の先頭に2小節分の空白を空け、テンポ、メトロノームなどの設定をおこなっておきます。

■オーディオトラックの作成

183ページ「オーディオトラックの作成」を参考に、「01 175 drums01」のトラックの下にモノのボーカル用トラックを作成し、手順3ではトラック名に「Vocal」を入力します。さらに手順4ではUR22Cの項目をクリックして、メニューから「UR22C Input 1（Mono）」をクリックして選択します。

「UR22C Input1（Mono）」を選択

「Vocal」を入力

> **ヒント**
> 「オーディオ入力」をクリックして表示される項目は、Chapter 1「オーディオコネクションの設定」の「入力」タブの設定」（40ページ）によって設定されています。この設定により「Mono In」はオーディオインターフェース（ここではUR22C）のINPUT 1にルーティングされており、このINPUT 1に接続したマイクの音が録音されます。もし、「オーディオ入力」欄の表示の項目が異なっている場合は「「入力」タブの設定」に戻り、確認／設定してください。

■マイクの接続

マイクを接続します。本書で使用している Steinberg のオーディオインターフェース UR22C では、INPUT 1 と 2 にマイクを接続することができます。ここでは INPUT 1 にダイナミックマイクを接続する方法を解説します。

コンデンサーマイクを使用する場合には、「ファントム電源」が必要になります。くわしくはこの項の手順3 をご覧ください。

手順

1 マイクを接続する際に、ノイズなどが発生する場合があります。あらかじめオーディオインターフェースの OUTPUT、PHONES（ヘッドホン）などのボリュームを下げ（①）、スピーカーなどの再生機器のボリュームも下げておきます。

2 マイクにケーブルを接続し、ケーブルのもう片方を INPUT 1（②）に接続します。

ここで使用している UR22C のように MIX ツマミが装備されているオーディオインターフェースでは、MIX ツマミを右いっぱい（DAW 側）にしておきます（③）。こうすることによって、後述する RoomWorks SE などのエフェクトをかけた音をモニターしながら演奏することができます。

③右いっぱい（DAW 側）にする
①ボリュームを下げる
②INPUT 1

3 コンデンサーマイクを使用している場合には、ファントム電源をオンにします。UR22C では「+48V」ボタン（④）を押すことで、ファントム電源がオンになります。

ファントム電源をオン／オフするときはノイズが発生することがあるので、再生機器のボリュームを下げておきましょう。

④「+48V」ボタン

> **ヒント**
> UR22C では、ファントム電源は裏面に用意されています。

Chapter 7　メロディを入力しよう③　　191

4 「Vocal」トラックをクリックして選択し、「モニタリング」（⑤）をクリックしてオン（オレンジ色に点灯）にします。

5 マイクの本体などに装備されているスイッチ類を操作して、マイクから音が出力される状態にしてマイクに向かって声を出し、入力レベルメーター（⑥）が反応するのを確認します。入力レベルメーターが低いところ（トラックの下のほう）で反応しているときには、音量が小さいので INPUT 1 の GAIN を右に回して音量を大きく、反対に入力レベルメーターの上部まで振り切ってしまっているような場合には、音量が大きすぎるので INPUT 1 の GAIN（⑦）を左に回して音量を小さくします。

なお、ここでの操作は、マイクを通した声がきちんと Cubase のトラックに入力されているかどうかの確認で、実際に録音する音量の調整は、このあと録音直前にもう一度改めておこないます。

⑥入力レベルメーター
⑧MONO ボタン
⑤「モニタリング」
⑦INPUT 1 の GAIN

> **ヒント**
> GAIN を操作しても入力レベルメーターがまったく反応しない場合は、**Chapter 1「パソコンと各機器の接続」**（28 ページ）、**「「入力タブ」の設定」**（40 ページ）や、**「オーディオトラックの作成」**の手順 4、オーディオ入力の選択（184 ページ）を確認してください。

> **ヒント**
> UR22C には、MONO ボタン（上図⑧）が付いています。これは MIX ツマミを「INPUT」側にしたときやステレオトラックで録音する際にヘッドホンやモニタースピーカーから音が片側だけしか聞こえないときにオンにします。

6 オーディオインターフェースの OUTPUT、PHONES などのボリュームと再生装置のボリュームを上げて、音が鳴るのを確認します。

7 185 ページ**「エレキギターの接続」**の手順 7 を参考に、入力レベルメーターが見えやすいよう「Vocal」トラックの縦幅を拡大しておきましょう。

ショートカットは Ctrl + ↓ キーです。縦幅を拡大したいトラック（ここでは「Vocal」トラック）を選択した状態で操作します。

■エフェクトを使う

ボーカルの素の音でも録音できますが、少しリバーブやエコーなど、声がよく響くエフェクトがかかっていたほうが歌いやすくなります。Cubase シリーズには高品位なリバーブが得られる「RoomWorks SE」が付属しているので試してみましょう。

RoomWorks SE を開く

手順

1 186 ページ「**エフェクトを使う**」手順 3 までを参考に、エフェクトのメニューを開き、「Reverb」（①）から「RoomWorks SE」（②）をクリックして選択します。

①「Reverb」
②「RoomWorks SE」

ヒント

「Rev-X～」など3つのリバーブも表記されていますが、Cubase シリーズの付属ではなく、ここで使用している UR22C に付属しているリバーブエフェクトです。本ガイドでは使用しません。

2 RoomWorks SE が開きます。

Chapter 7　メロディを入力しよう③　　193

プリセットの選択

RoomWorks SE にはプリセットが用意されているので利用しましょう。

手順

1 「プリセット」欄（①）をクリックするとプリセットが表示されます。
2 プリセット（ここでは「Bright Plate Reverb」）をダブルクリックして選択します（②）。

リバーブの深さは「Mix」ツマミ（③）で調整します。右に回す（数値が大きくなる）とリバーブが深くなり、左に回す（数値が小さくなる）とリバーブが浅くなります。ここでは、ごく浅めにかけるために20％前後にします。

■ボーカル録音の実際

手順

1 一番大きな声で歌ったときに「Vocal」トラックの入力レベルメーター（①）が80%くらいになるよう、オーディオインターフェースのINPUT 1のGAINツマミ（②）を使って、録音レベルを調整します。

①入力レベルメーター　　②INPUT 1のGAINツマミ

2 Chapter 2「再生などトランスポートの操作」（61ページ）を参考に、曲を先頭に戻したあと、ショートカットの[*]キーを押すかトランスポートパネルの「録音」ボタンをクリックして録音を開始します。

3 最初の2小節はメトロノーム音が1拍ずつ鳴ります。メトロノーム音を8回聞いたあと、3小節目からマイクに向かって歌って録音します。

4 弾き終わったらショートカットの[0]キーを押すか、トランスポートパネルの「停止」ボタンをクリックして停止します。

「モニタリング」ボタンをクリックしてオフ（消灯）にして、先頭から再生して聞いてみましょう。

「モニタリング」ボタン

録音したオーディオデータの編集については、次のChapter8「オーディオデータの編集」（199ページ〜）をご覧ください。

応　用

シンセサイザーなどのライン楽器を
ステレオで録音する方法

　本書では、エレキギターやボーカルなど、モノラル素材の音を、マイクレベルで録音する
例を解説していますが、シンセサイザーや CD、カセットデッキなどの音はステレオ素材で、
「ライン」と呼ばれる比較的に信号の音量レベルが高い機器の録音も可能です。この Chapter
で解説してきたオーディオデータの入力（録音）との違いは、録音するトラックがステレオ
であることと信号がラインレベルであることだけで、他の手順はギターやマイクを使った録
音とほとんど同じです。

ヒント

ここでの「ライン」という言葉は、信号の「音量レベルが大きい機器」のことを表しています。接続方法
を示す「ライン接続」と混同しないようにしましょう。つまりここでの操作は「音量がラインレベルのシ
ンセサイザーなどの楽器を、ライン接続して録音する」ということです。

　また接続には、シンセサイザーなどで多く使われているフォーン端子が装着されたケーブ
ルで解説しています。他の RCA 端子やミニフォーン端子のケーブルをお使いの場合にはそ
れぞれフォーン端子への変換ケーブルや端子をお使いください。なお、XLR 端子のケーブル
をお使いの場合、UR22C ではそのまま接続が可能ですが、他のオーディオインターフェース
の場合には対応できないこともあります。くわしくはお使いのオーディオインターフェース
のマニュアルなどでご確認ください。

ヒント

オーディオインターフェースによっては、ラ
イン用の端子や信号に対応していないことも
あります。くわしくはお使いのオーディオイ
ンターフェースのマニュアルなどでご確認く
ださい。

ヒント

レコードプレーヤーでも同じような操作で録音するこ
とができますが、機種によってラインレベルに持ち上
げるために「フォノイコライザー」というアンプが必
要な場合があります。くわしくはお使いのレコードプ
レーヤーのマニュアルなどでご確認ください。

◾️オーディオトラックの作成

　183 ページ「オーディオトラックの作成」を参考に、「01 175 drums01」トラックの下にシ
ンセサイザー用のオーディオトラックを作成します。ここで作成するトラックはステレオト
ラックです。「トラックを作成」画面の「オーディオ入力」では「UR22C Input 1/2 (Stereo)」
を選択します。すると「構成」欄は自動的に「ステレオ」になります。トラック名は「Synth」
とします。

応用

　入力レベルメーターが見えやすいように 185 ページ**「エレキギターの接続」**の手順 7 を参考に、トラックの縦幅を拡大しておきましょう。

「UR22C Input 1/2（Stereo）」を選択

トラック名

ヒント
「オーディオ入力」は自動的に「Stereo in」に変更されます。

■シンセサイザーの接続

手順

1 シンセサイザーを接続する際にノイズなどが発生する場合があります。あらかじめオーディオインターフェースの OUTPUT、PHONES（ヘッドホン）などのボリュームを下げ（①）、スピーカーなど再生機器のボリュームも下げておきます。また、ファンタム電源をオンにする「＋48」ボタン（②）や HI-Z ボタン（③）がオンになっている場合はオフにします。

2 シンセサイザーの出力端子から、UR22C の前面の INPUT 1 と 2 （④）に、フォーンケーブルを使って接続します。

①ボリュームを下げる

ヒント
Mono ボタンはオフ（押し込まれていない状態）に。

④INPUT 1 と 2　　③HI-Z ボタン

②「＋48V」ボタン

ヒント
UR22C では、ファンタム電源は裏面に用意されています。

Chapter 7　メロディを入力しよう③　　197

応用

3 「Synth」トラックをクリックして選択し、「モニタリング」（⑤）をクリックしてオン（オレンジ色に点灯）にしてシンセサイザーを弾き、入力レベルメーター（⑥）が反応して80％くらいになるよう、オーディオインターフェースのINPUT 1と2のGAIN（⑦）を調整します。

⑤「モニタリング」
⑥入力レベルメーター
⑦INPUT 1と2のGAIN

4 オーディオインターフェースのOUTPUT、PHONESなどのボリューム、再生装置のボリュームなどを上げて音が鳴るのを確認します。

ヒント
シンセサイザーは、鳴らす音色によって出力レベルに差が出る場合があります。必ず録音に使用する音色でレベルの確認をするようにしましょう。

■シンセサイザー録音の実際

　Chapter 2「再生などトランスポートの操作」（61ページ）を参考に、曲を先頭に戻したあと、ショートカットの*キーを押すかトランスポートパネルの「録音」ボタンをクリックして録音、演奏し終わったらショートカットの0キーを押すか、トランスポートパネルの「停止」ボタンをクリックして停止します。

　録音が終わったら、「Synth」トラックの「モニタリング」ボタンをクリックしてオフ（消灯）にして、先頭から再生して聞いてみましょう。

　録音したオーディオデータの編集については、次のChapter8「オーディオデータの編集」（199ページ～）をご覧ください。

198

Chapter 8

オーディオデータの編集

　録音したオーディオデータは、Cubase のオーディオ
編集機能で、音量やタイミングを修正することができます。
ここでは、オーディオイベントを直接編集する方法と、オー
ディオを編集する「サンプルエディター」を使った編集方
法を解説します。

オーディオデータの
タイミングを修正する

　オーディオデータはイベント単位で記録されているため、MIDIデータのように1つ1つの音のタイミングを個別に編集することはできませんが、全体的なタイミングはイベントをドラッグして移動することで修正が可能です。

　なおここでの操作はとても細かな調整になるため、「スナップオン／オフ」を消灯してオフにしておきます。またオーディオデータの細部を確認しながら操作ができるよう、トラックとイベントを縦横に十分拡大しておいてください。

■イベントを後ろ（右）に移動する

　Chapter 5「全体的なタイミングのずれをイベント移動で修正する」の「イベントを後ろにずらす」（147ページ）を参考に、そのままイベントを後ろにドラッグします。

ヒント
何度か再生してタイミングを確認しながら調整します。

200

■イベントを前（左）に移動する

　録音されたオーディオイベントは1小節1拍目からはじまっているため、これ以上左にドラッグして移動することができません。**Chapter 5「全体的なタイミングのずれをイベント移動で修正する」**の「イベントを前にずらす」（147ページ）を参考に、オーディオイベント先頭（左端）の無音部分をドラッグで短くしたあと、イベントを前にドラッグします。

> **ヒント**
> 何度か再生してタイミングを確認しながら調整します。

Chapter 8　オーディオデータの編集

イベントの状態でオーディオデータを編集する

イベントの状態で、ボリュームを上下させたり、フェードイン／アウトさせたりなどの編集がおこなえます。たとえば、ギターを弾きはじめる、あるいは歌を歌いはじめる前の無音部分でのノイズが気になる、あるいは逆に弾き終わって録音を停止するまでのノイズが気になる、というような場合に有効です。

イベントの状態での編集は、データを書き換えない「非破壊編集」なので、プロジェクトを保存したあとも「元に戻す」で取り消すことができ、さらに一度プロジェクトを閉じて再度開いた場合も、編集しなおすことができます。

■イベントを縮めてフェードイン／アウトさせる

演奏していない部分のイベントを縮めることで、必要のないノイズなどが鳴らないようにします。

手順

1 Chapter 5「全体的なタイミングのずれをイベント移動で修正する」の「イベントを前にずらす」（147ページ）を参考に、イベントの先頭（左端）をドラッグで短くして鳴らないようにします。

これで演奏前の無音部分は再生されなくなり、ノイズが軽減します。
ただし、こうすると最初の音が唐突に鳴って不自然なはじまりになるので、フェードイン処理をします。

2 イベントの左上端にカーソルをあわせると、「↔」になります。右にドラッグするとフェードインのラインが表示されます。何度か再生して自然な音の鳴りはじめになるようにします。

> **ヒント**
> フェードインにあわせて波形の大きさも変わりますが、これは波形を書き換えているのではなく、表示のみを変更しています。よって、フェードインのラインをもとに戻すと波形ももとに戻ります。

フェードインのライン

3 次は弾き終わったあとのノイズです。手順1、2を参考に調整します。
まず、イベントの右端をドラッグして縮め、弾き終わってから停止させるまでのノイズ部分が演奏されないようにします。
このままでは最後の音がブツッと切れて不自然なので、フェードインのときと同じように、イベントの右上端にカーソルをあわせると「↔」になるので、左にドラッグして自然に音が消えていくように調整します。

フェードアウトを設定する

イベントの最後を縮める

Chapter 8　オーディオデータの編集　203

■イベント全体の音量を上下する

イベント左隅にある「◢」マークにカーソルを近づけると、指のカーソルに変わります。その状態でクリックすると、ミキサー画面で音量を調整するのと同じフェーダーが表示されます。このフェーダーでイベント全体の音量を調整します。

フェーダーを上にドラッグすると音量が上がり、下にドラッグすると音量が下がります。最高で24dB（デシベル）増幅させることができます。

オーディオデータの
テンポを変更する

MIDI データは、プロジェクトのテンポを変えると自動的にテンポが追従しますが、オーディオデータをプロジェクトのテンポ変化に追従させるには操作が必要です。

ここではすでに録音ずみの Vocal のテンポを変更します。

手順

1 「メディア」メニュー（①）の「プールを開く」（②）をクリックします。

2 「プール」が開きます。「Audio」フォルダーの左にある「+」をクリックします（③）。

3 「ミュ」と表示されている項目に注目します。

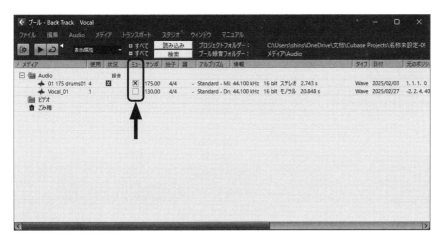

ヒント

「プール」とは、プロジェクトで使用しているオーディオやビデオのデータを保存している場所です。Cubase に付属しているループファイルも、プロジェクトで使用するとこのプールに保存されます。また、新たに録音したオーディオデータだけではなく、CD など外部から読み込んだオーディオデータをプロジェクトに読み込んだ場合も、このプールに保存されます。

4 デフォルトでは項目名がすべて表示されていませんが、この「ミュ」の右側にある境界線を右にドラッグすると、「ミュージカルモード」（④）という項目名がすべて表示されるようになります。

④「ミュージカルモード」

5 「Vocal_01」（⑤）が録音したデータです。このミュージカルモードの四角をクリックしてチェック（×）を入れます（⑥）。

ヒント
トラック名がそのままデータ名になります。また同じトラックで録音を繰り返すと、たとえば「Vocal」というトラックなら「Vocal_01」、「Vocal_02」というように番号が振られていきます。

⑤「Vocal_01」

⑥チェックを入れる

6 「プール」を閉じると、チェックを入れた「Vocal_01」イベントの右隅に音符と波形のマークが表示されます（⑦）。これで、オーディオデータのテンポがプロジェクトのテンポの変更に追従するようになります。

⑦音符と波形のマークが表示される

サンプルエディターを開いて
オーディオデータを編集する

　ここからの操作は、前述のイベントの状態でもおこなうことができますが、ここではオーディオデータ編集専用のウィンドウ「サンプルエディター」を開いておこないます。

　なぜかというと、サンプルエディターの左側には音量レベルが表示されているので、たとえば「あと3dB大きくしたい」というような場合の目安になり、正確なレベル調整ができるからです。また、「サンプルエディター」は別ウィンドウで開くため、ウィンドウを最大化してオーディオデータを可能な限り拡大表示できるため、微細なノイズを処理するなどの操作に向きます。

■サンプルエディターを開く

　Chapter 2「サンプルエディターの表示」（66ページ）を参考に、編集処理をおこないたいオーディオイベントをクリックして選択し、「Audio」メニューの「サンプルエディターを開く」をクリックします。

■処理対象の選択

処理をおこなう前に、編集したい範囲を選択しておきます。

オーディオデータ全体に処理をおこなう場合

サンプルエディターで何も選択していない状態では、処理はそのオーディオデータ全体にわたっておこなわれるので、何も選択しないままにします。

オーディオデータの一部に処理をおこなう場合

Chapter 2「複数のデータ／イベントの選択」(53 ページ) を参考に、サンプルエディターのツールボックスから範囲選択ツール■を選択し、ドラッグして範囲を選択します。

ヒント

サンプルエディターでのデータの処理は、範囲が選択されている場合にはその範囲が、何も選択されていないときにはサンプルエディターに表示されている全体がその対象となり、処理がおこなわれます。

選択された範囲は、少し明るめの色で表示されます。

■「ダイレクトオフラインプロセシング」ウィンドウを開く

　これから説明する操作は、すべて「Audio」メニューにある「処理」という項目から選択することもできますが、本書では「ダイレクトオフラインプロセシング」というウィンドウを使った操作方法で解説します。「ダイレクトオフラインプロセシング」ウィンドウでは、「処理」に用意されているすべてのメニューを選択することができるうえ、このウィンドウを開く操作には、あらかじめショートカットキー F7 が割り当てられているので、便利です。

　「Audio」メニューから「ダイレクトオフラインプロセシング」をクリックして選択するか、ショートカットキーである F7 キーを押して、「ダイレクトオフラインプロセシング」ウィンドウを開きます。

Chapter 8　オーディオデータの編集　　209

■「ダイレクトオフラインプロセシング」での共通の操作

ダイレクトオフラインプロセシングでは、各処理に共通するパラメーターがあります。

① 「+」または「処理」ボタン

クリックするとメニューが開くので、目的の処理をクリックして選択します。

② 「試聴」ボタン

クリックするとサンプルエディターで開いているオーディオデータが再生され試聴できます。範囲を選択していないときはオーディオデータ全体が再生され、範囲を選択しているとその範囲が再生されます。再生中はボタンが点灯し、その状態のときボタンをクリックすると再生が停止します。

③ 「試聴ループ」ボタン

クリックすると点灯し、その状態で「試聴」ボタンをクリックすると、「試聴」ボタンをクリックして消灯させるまで、オーディオデータが繰り返し再生されます。

④ 「試聴時ボリューム」スライダー

クリックするとスライダーが表示され、上下にドラッグすると試聴時のボリュームを調整できます。上にドラッグすると音量が大きく、下にドラッグすると音量が小さくなります。

■ダイレクトオフラインプロセシングの特徴

この「ダイレクトオフラインプロセシング」は、Cubase シリーズと同じ Steinberg 社のオーディオポストプロダクションソフトウェアである「Nuendo（ヌエンド）」から継承した、波形編集機能で、これまでの Cubase シリーズや一般的な波形編集ソフトとも異なる特徴をもっています。

特徴その1　いつでももとに戻せる非破壊編集

サンプルエディターでの編集処理は、以前は波形を書き換える「破壊編集」でしたが、ダイレクトオフラインプロセシングの登場により、「非破壊編集」となりました。つまり、編集処理をおこなっても、見かけ上の波形は変化しますが、もとの波形は書き換えられていないので、いつでももとに戻すことができます。

直前におこなった処理をもとに戻すには、次の方法があります。

（1）「元に戻す（アンドゥ）」を実行する

「編集」メニューから「元に戻す」をクリックします。あるいはショートカットである Ctrl + Z キーを押します。

（2）処理を削除する

元に戻したい処理（ここでは例として「ゲイン」）の左にある「削除」ボタン（ゴミ箱のアイコン）をクリックします。

(3) パラメーターをもとに戻す

設定できるパラメーターがある処理では、そのパラメーターをデフォルトの状態に戻すことで、もとの状態に戻せます。

たとえば音量を調整する「ゲイン」の場合、数値を「0.00dB（増減のない状態）」にすることでもとの状態になりますが、波形を反転させる「リバース」ではパラメーターがないので、(1) または (2) の方法でもとに戻します。

特徴その2　処理が連続で実行可能

「ダイレクトオフラインプロセシング」ウィンドウでは、たとえば、ゲインで音量を上げてから、そのまま続けて波形を反転させるリバースをおこなうなど、連続して複数の処理をおこなうことができます。

特徴その3　処理を選択した瞬間に処理が実行される

すばやく処理が実行されるように、メニューから処理を選択した瞬間にオーディオデータへの処理が実行される仕組みになっています。

処理を選択すると……

瞬時に処理が実行される

特徴その4　前におこなった処理のパラメーターが記憶されている

パラメーターを操作すると、その状態が記憶されています。たとえば、あるドラムループのゲインを上げて、他のループにも同じ値だけゲインを上げたい場合でも、直前のパラメーターの設定が有効になったままなので、続けて同じ処理を同じ設定でおこないたい場合も便利です。

特徴その5　デフォルトではプリセットは設定されていない

※プリセットの項目自体がない処理もあります。

ダイレクトオフラインプロセシングの処理にはプリセットがないので、ユーザーによって保存し呼び出す仕組みになっています。

ちなみに、プリセットを保存する方法は、「プリセットなし」という部分をクリックして開くメニューから「プリセットを保存」をクリックして開く「プリセットを保存」というウィンドウで、名前を入力して「OK」をクリックします。

これで、次回からプリセット欄に保存したプリセット名が表示され、選択できるようになります。

■各処理の詳細

エンベロープ

音量の時間的な変化を調整します。フェードイン／アウトや急激に音量を上下させるギミックなどに使います。

【操作】

ラインは音量を表しています。ライン上でクリックすると操作ポイントが追加されます。目的の効果が得られるよう、試聴しながらポイントをドラッグして調整します。

3種類の曲線について

波形右上の3つのアイコンは、ポイントを使ったライン形成で、どのようなラインを描くかを設定します。左から「曲線」、「直線に近い曲線」、「直線」となります。ここでは「直線に近い曲線」を選択した状態で解説しますが、どの曲線にするかは、試聴して自然に聞こえるものを選択します。

フェードイン

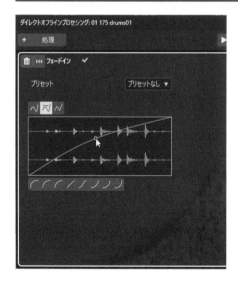

フェードインする（徐々に音が大きくなる）ように波形を編集します。

【操作】

ラインは音量を表しています。ライン上でクリックすると操作ポイントが追加されます。目的の効果が得られるよう、試聴しながらポイントをドラッグして調整します。

どのようにフェードインするかを、下部にあるラインから選択することもできます。

> **ヒント**
> **3種類の曲線について**
> エンベロープの項をご覧ください。

フェードアウト

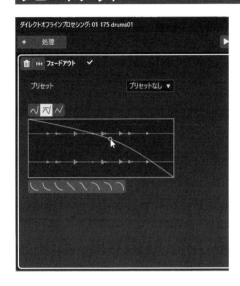

フェードアウトする（徐々に音が小さくなる）ように波形を編集します。

【操作】
　ラインは音量を表しています。ライン上でクリックすると操作ポイントが追加されます。目的の効果が得られるよう、試聴しながらポイントをドラッグして調整します。
　どのようにフェードアウトするかを、下部にあるラインから選択することもできます。

> **ヒント**
> **3種類の曲線について**
> エンベロープの項をご覧ください。

ゲイン

音量を -50 〜 +20dB の範囲で増減させます。

【操作】
　ツマミを右に回す（上にドラッグする）、「▲」をクリックする、あるいは数値をダブルクリックして反転させプラスの数値を入力することでゲインを増やします。逆にツマミを左に回す（下にドラッグする）、「▼」をクリックする、あるいは数値をダブルクリックして反転させマイナスの数値を入力することでゲインを減らします。
　「％」の表示は、もとのオーディオデータに対しての増減をパーセンテージで表示します。

　「試聴」ボタンをクリックすると、信号が0dBを超えて歪んでしまった場合は、「クリッピングあり！」というメッセージが表示されるので、数値を設定しなおします。

「クリッピングあり！」

Chapter 8　オーディオデータの編集　215

フェーズを反転

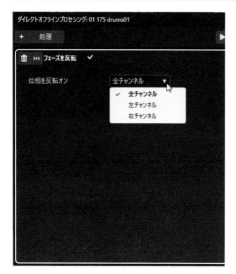

波形の位置（ずれ）を修正します。たとえば、録音現場などで、スネアドラムを上側と下側からそれぞれのマイクで録音すると、距離の違いからフェーズ（位相）がずれて2つの音をミックスすると音が引っ込んでしまうことがあります。そういう場合にフェーズ（位相）を反転させるとうまくいくことがあります。

【操作】

ステレオファイルで操作する場合には、メニューで選択した瞬間にそのときに「位相反転の対象」欄で選択しているチャンネルに対して処理が実行されます。

「位相反転オン」欄では、左右のチャンネルを一度に処理するのか、それぞれ個別に処理するのかを選択できます。

モノラルファイルでは「位相反転オン」欄は表示されず、メニューをクリックした瞬間に処理が実行されます。

ノーマライズ

設定したレベルを超えない範囲で、音量を上げます。前述の「ゲイン」では、音が歪むレベルである「0dB」を超えさせることができましたが、ノーマライズでは「最大レベル」が「0dB」に設定されているため、歪まない範囲で最大限音量レベルを上げることができます。

【操作】

ノーマライズのツマミで最大の音量レベルを設定します。通常は「0dB」に設定します。

DCオフセットの除去

音に直流（DC）成分が加わると、ノイズが発生することがあります。これを除去します。

【操作】

設定するパラメーターはなく、メニューで「DCオフセットの除去」を選択すると、ただちに処理が実行されます。

リサンプル

オーディオデータのサンプリングレートを変更（リサンプル）します。たとえば、サンプリングレートを下げると、音質が悪くなりますが、独特の質感が得られます。ただし、サンプリングレートを変更するとファイルのピッチや長さが変わるので注意が必要です。

ヒント

205ページ「オーディオデータのテンポを変更する」でおこなった「ミュージカルモード」が有効になっているとリサンプル処理はおこなわれず、パラメーターも表示されず操作のできない状態になります。サンプルエディター上部にある「ミュージカルモード」をオフに（消灯）すればリサンプル処理ができるようになりますが、オーディオデータのテンポが変更できなくなります。

「ミュージカルモード」

【操作】

「新しいサンプリングレート」欄では、「ファイルのサンプリングレート」に対して、リサンプルする周波数を設定します。「▲」「▼」をクリック、あるいは数値をダブルクリックして反転させ数値を入力します。

「差異」欄では、パーセンテージでリサンプルする値を設定します。たとえば44100.00Hz（44.1kHz）のファイルを半分にする場合には「-50（.000）％」と設定します。「新しいサンプリングレート」欄とリンクしているので、どちらかを設定すれば自動的にもう一方にも反映されます。

リバース

選択した範囲の波形を逆転させます。逆転して生成されたサウンドは、一般に「逆回転サウンド」と呼ばれます。

【操作】

設定するパラメーターはなく、メニューで「リバース」を選択すると、ただちに処理がはじまります。

処理前

処理後

無音化

オーディオデータを無音化します。オーディオデータ全体をすべて無音化するということは通常ないので、無音化したい範囲を選択して無音化します。ノイズを手動で削除するようなときに有効です。

【操作】

設定するパラメーターはなく、メニューで「無音化」を選択すると、ただちに処理が実行されます。

処理前

処理後

左右チャンネルを入れ替え

ステレオファイルの左右のチャンネルを入れ替えます。ステレオファイルにのみ有効です。

【操作】
　この処理はパラメーターを操作するのではなく、モードを選択します。

「左右チャンネルを入れ替え」＝左右のデータを入れ替えます。
「左チャンネルのみ（モノミックス）」＝左チャンネルのデータを右チャンネルにコピーして、モノラルにします。
「右チャンネルのみ（モノミックス）」＝右チャンネルのデータを左チャンネルにコピーして、モノラルにします。
「マージ」＝左右のチャンネルをミックスしてモノラルにします。
「引く（-）」＝ステレオファイルのセンター位置にあるモノラルの音を除去します。簡易的なカラオケミックス（ボーカル音を削除する）作成に使われます。

タイムストレッチ

　音の高さを変えずに、オーディオの長さやテンポを変更できます。ただし、現バージョンでは 205 ページ「**オーディオデータのテンポを変更する**」で解説した「ミュージカルモード」をオンにするだけで、波形を書き換えずに簡単にタイムストレッチが可能なので、そちらを利用することとお勧めします。

Chapter 8　オーディオデータの編集

【操作】

「小節を定義」=選択したオーディオデータの範囲を、「小節」「拍」「拍子」で定義します。

「元の長さ」=選択したオーディオデータの範囲を、「長さ(サンプル)」「長さ(秒)」「テンポ(BPM)」で定義します。

「処理後の長さ」=処理をおこなった際の、「サンプル数」「秒」「BPM(テンポ)」を表示します。

「範囲」=タイムストレッチをおこなう範囲を秒で指定します。左右のロケーターでも指定できます。

「タイムストレッチの比率」=タイムストレッチの増減をパーセンテージで指定します。フェーダーを右方向(伸張側)へドラッグするとテンポが遅くなり、左方向(圧縮側)にドラッグすると速くなります。

「アルゴリズム」=タイムストレッチに使用するアルゴリズムを選択します。楽器に適したアルゴリズムを選択するといい結果が得られます。

Chapter 9

ミックスで
カッコいいサウンドに仕上げる
～ミックスから書き出しまで

　ここまで伴奏を作り、メロディを MIDI 入力やオーディオ録音で入力し、なんとか1曲としてまとまりました。ここからは仕上げの「ミックス」という作業になります。さらに、CD に焼いたり、パソコンの再生ソフトなどで再生したりできるファイルへの書き出しもおこないます。

ここでは、MIDIデータで作成した「Melody」トラックと、オーディオデータで作成した「Vocal」トラックが混在した、次のようなプロジェクトを例に説明しています。

- 「Vocal」トラックと「Melody」トラックでの操作はほぼ同じなので、使用するプロジェクトの状況に応じて、どちらかのトラックで操作をおこなってください。
- 「Vocal」トラックだけでミックスする場合、「Melody」トラックを例に説明されているシンセサイザーでの操作は必要ありません。
- ギターの音を録音したオーディオトラックでメロディ・パートを作成しているプロジェクトをミックスする場合は、「Vocal」トラックの部分を「Guitar」トラックと読み替えて作業してください。

ミキサーを理解する

いうまでもなく、ミックスの作業はミキサーウィンドウでの操作が中心となります。

■ミキサーを開く

「スタジオ」メニューの「MixConsole」をクリックする、あるいはショートカットのF3キーを押してミキサーを表示します。

■トラックとチャンネル

　このミキサーでは、これまで作成してきたデータが入力されている各トラックから集まってくる信号を「チャンネル」で調整します。

　ここでのミックスの作業とは、

1　エフェクトを使って音質を調整する
2　音量／パンのバランスを取る
3　オーディオファイルに書き出す

までの工程となります。
　上記3つの工程で気をつけなければならないのが

「ステレオアウトチャンネルでの音量が0dBを超えてはならない」

ということです。

　音量が0dBを超えるということは、デジタル信号では確実に「歪み、ノイズ」につながります。アナログ信号の場合には、少々超えてしまっても、それどころか0dBを超えたときに独特の温かみが発生することもあるので、むしろ奨励されることもありますが、デジタルでは絶対に許されません。歪み、ノイズにより再生機器の状態に影響を及ぼすことがあります。よって、Cubaseシリーズをはじめとする音楽制作ソフトでは、マスタートラックで0dBを超えると警告のランプがつきます。作業中にこのランプが点灯したら、この部分をクリックして消灯させ、レベルオーバーの原因を解消する必要があります。

警告のランプが点灯する

224

■音量オーバーの安全策としてリミッターをアサインする

「0dBを超えてはいけない」というものの、それを怖がっていては思い切ったミックスができません。そこでここでは、「リミッター」という音を押さえ込むエフェクトをマスタートラックにかけて、0dBを超えず、かつ大胆なミックスを実践してみましょう。

ステレオアウトチャンネルのインサートにリミッターをアサインする

リミッターは、ミキサーの右端にある「Stereo Out」というチャンネルにかけます。

手順

1 ミキサーの右上、ステレオアウトチャンネルの「Inserts」(①) をクリックしてスロットを表示させます。

2 スロットにカーソルを近づけると、「Insertを選択」という▼ボタン (②) が表示されるのでクリックします。

3 メニューが開くので、「Dynamics」(③) から「Limiter」をクリックします (④)。

> **ヒント**
> LEには「Limiter」は付属していません。次ページ「LEをお使いの場合は」の項を参照してください。

Chapter 9　ミックスでカッコいいサウンドに仕上げる　225

Limiter が開きます。

　Limiter はコンプレッサーの一種で、音を圧縮することによって音質を変更することもできますが、ここでは「音量をひたすら押さえ込む」役割で使っています。デフォルトの「OUTPUT」が「0.0dB」の状態で使います。これで、多少トラックの音が大きくなっても0dB を超えることはまずありません。

ヒント
とても立ち上がりが速くあまりにも大きな音量の音が瞬間的に入ってきた場合には、この限りではありません。

LE をお使いの場合は

　LE には上記「Limiter」が付属していません。まったく同じ効果にはなりませんが、別のエフェクトで代替えする方法があります。

手順
1. 上記手順の1、2を実行します。
2. メニューが開くので、「Dynamics」（①）から「VSTDynamics」（②）をクリックします。

①「Dynamics」
②「VSTDynamics」

226

VSTDynamics が開きます。

　VSTDynamics は、コンプレッサーというエフェクトで、Limiter のように「確実に 0 dB を超えさせない」という目的ではなく、「音を圧縮することによって音質を変化させる」という目的で多く使われますが、設定次第で Limiter に近い効果が得られます。ただし確実ではないので、音量には十分注意を払ってください。

　「プリセット」欄をクリックして、メニューから「Bad Rock Overheads」をダブルクリックして選択します。
　このプリセットを使うと、リミッターと同じような効果が得られます。

ミックスの準備

■パラアウトさせる

このままエフェクトをかけたり音量を調節したりする操作に移ってもいいのですが、本 Chapter で使用するプロジェクトでは、VST インストゥルメントの HALion Sonic を3トラックで使用しています。

このように1つのインストゥルメントを複数のトラックで使用している場合には、ミックスの前に出力を個別に分けておきます。これを「パラアウト(させる)」といいます。

ヒント
これまで3つのトラックの音は HALion Sonic からまとめて出力されていましたが、パラアウトさせることにより、各トラックが独立して出力されるので、音量やパン、エフェクトを Cubase のミキサーでそれぞれ調整できるようになります。

HALion Sonic の各パートの出力を変更する

次に、パラアウトするために有効にした出力に、各トラックをアサインします。

手順

1 これまでの操作で、HALion Sonic が隠れてしまっているときは、トラックリストからインストゥルメントトラック、または MIDI トラックのいずれかを選択し、左ゾーンの「ルーティング」にある HALion Sonic のアイコン(①)をクリックして再表示します。

①HALion Sonic のアイコン

228

2 「MIX」ボタン（②）をクリックして、HALion Sonic 本体のミキサーを表示します。

3 各パートの「Output」欄の「▼」をクリックして（③）、メニュー（④）から出力先を選択します。

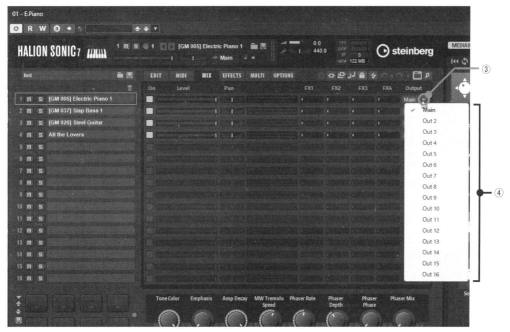

ここでは次のように設定します。

「E.Piano」＝「Main」（デフォルトのまま）
「Slap Bass 1」＝「Out 2」
「Steel Guitar」＝「Out 3」
「All the Lovers」＝「Out 4」（ボーカルのみの場合なし）

Chapter 9　ミックスでカッコいいサウンドに仕上げる

■ミキサーの準備

ショートカットの F3 キーを押してミキサーを再び表示すると、「E.Piano」の右に先ほど増やした出力が Slot 2 ～ 4 として追加されていることが確認できます。これで、HALion Sonic のパラアウトの出力がミキサーにアサインされたので、これらのチャンネルを使ってミックスをおこないます。

「Visibility」欄

入力用チャンネル　　出力が追加されている

ミックス操作に不必要なチャンネルを非表示にする

ミックスの際、使わないチャンネルが表示されていると誤操作の原因になるので、非表示にしておきましょう。

ミキサー左側の「Visibility」欄（上図参照）で操作します。

入力用チャンネル

すでに入力や録音は終わっているので、入力用チャンネル（上図参照）は使いません。ミキサー左の「Visibility」欄で、「Stereo In」「Mono In 1」「Mono In 2」などの入力用チャンネル左側のチェックマークをクリックしてはずし、非表示にします。

入力用チャンネルが非表示になる

MIDI チャンネル

「E.Baas」、「A.Guitar」、「Melody」(ボーカルのみの場合なし) など、パラアウトにした HALion Sonic の各パートは追加した出力チャンネルにアサインされているので不要です。こちらも「Visibility」の欄をクリックしてチェックをはずし、非表示にします。

Chapter 9　ミックスでカッコいいサウンドに仕上げる

チャンネルの名前を修正する

操作しやすいようにチャンネルの名前をアサインされているトラック名と同じにします。

表示されているチャンネル名をダブルクリックして反転し、名前を入力し、Enter キーで確定します。すでに入力されている「E.Piano」はそのままで、トラック名と一致させるよう、「Slot」の2～4を「E.Bass」、「A.Guitar」、「Melody」（ボーカルのみの場合なし）に修正しておきましょう。

名前を修正する

エフェクトをバイパス（効果がかからない状態）にする

ボーカルの場合

録音するときにかけていたリバーブは、あとから別の方法でかけなおすのでバイパス（効果がかからない状態）にします。

「Vocal」チャンネルの「INSERTS」欄で、「Room...SE（RoomWorks SE）」にカーソルを合わせると左端に表示されるバイパススイッチをクリックして、バイパス（効果がかからない状態）にします。

クリック

Melody の場合

本書で「Melody」トラックにアサインしたシンセリードには、デフォルトでインサートにリバーブがかかっています。HALion Sonic 右上にある「Switch off All Insert Effects」ボタンをクリックして赤く点灯させ、エフェクトをオフにします。

「Switch off All Insert Effects」ボタン

> **ヒント**
>
> 本書の操作では、エレキギターのトラックにはアンプシミュレーターのみでリバーブ系のエフェクトはかけていないため、そのままにします。もし、何かしらのエフェクトをかけている場合、特にリバーブやディレイなどの残響系のエフェクトをかけている場合は、それらのエフェクトをオフ／バイパス（効果がかからない状態に）にしてから次の「ミックスの実践」に進みます。

Chapter 9　ミックスでカッコいいサウンドに仕上げる　233

ミックスの実践その1・パン

まずは、音がステレオスピーカーのどの辺りから聞こえてくるかを調整する「パン（パンポット）」を設定します。

パンはミキサーのデフォルトで「C」と表示されている部分で操作します。この「C」とは「Center」、つまりセンターということで、デフォルトでは全チャンネルがセンターに位置していることになります。

■パンの基本的な考え方

> 低音楽器、リズムの中心（ドラム全体）となるパート⇨センター
> 中心となる（メロディを奏でる）パート⇨センター
> 同じ周波数帯の複数の楽器のパート⇨左右に振る

この考え方をこのChapterで使用しているプロジェクトに当てはめると、

　　01 175 drums01 ＝ドラム全体⇨センター
　　E.Bass ＝低音楽器⇨センター
　　ボーカル、Melody ＝中心となるパート⇨センター
　　A.Guitar、E.Piano ＝同じ周波数帯の複数の楽器のパート⇨左右に振る

ということになります。つまり、「E.Piano」と「A.Guitar」を左右に振ればいい、ということになります。

　パンの割合は、「L（左）100」から「R（右）100」までの値で設定できます。パンコントロール（縦の棒）を左右にドラッグするか、ダブルクリックして数値を入力して設定します。

ヒント
「0」に設定すると「C（中央）」になります。

ヒント
単純にドラッグするだけでは、数値が大幅に変化してしまいます。Shiftキーを押しながらドラッグすると小刻みに数値を変更できます。

■パンの操作

ここでは「E.Piano」を「L50」に、「A.Guitar」を「R50」に設定してみましょう。

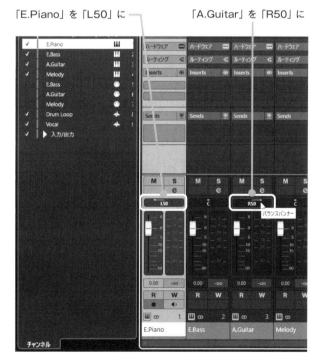

これで再生してみると、E.Piano、A.Guitar が左右から聞こえ、広がりが出てきたのがわかるはずです。

Chapter 9　ミックスでカッコいいサウンドに仕上げる

ミックスの実践その2・ボリューム

次は各パートのボリュームを調整します。ボリュームは、ミキサーの各チャンネルのフェーダーで操作します。

ここでは、「Vocal」チャンネルと「Melody」チャンネルを同時に表示して、「Vocal」チャンネルを例に説明しています。「Melody」チャンネルの場合は、読み替えて操作してください。

フェーダー

■ボリュームの操作

手順

1 まず、すべてのフェーダーを一番下までドラッグして、音が何も出ない状態にします。

2 曲を再生させながら、「01 175 drums01」のフェーダーを上げていき、Stereo Out のメーターが 60 〜 70％くらいまで上がるようにフェーダーを調整します。

3 次に E.Bass のフェーダーを上げていき、Stereo Out のメーターが 70 〜 80％くらいまで上がるようにフェーダーを調整します。音の目安としては、ドラムのキックの音と同じくらいになるようにします。

4 E.Piano、A.Guitar の両方のフェーダーを上げていきます。音のエネルギーがあまりないので Stereo Out のメーターの位置は大きくは変わりませんが、しっかりと両方のパートが聞こえる位置までフェーダーを上げます。

5 ここでは Melody を主旋律として調整します（Vocal でも可）。Melody のフェーダーを上げていきます。Stereo Out のメーターが 90% くらいまで上がるようにフェーダーを調整します。しっかりと声やメロディが聞こえるような位置までもっていきましょう。

ミックスの実践その3・エフェクト

エフェクトを使って、各トラックの音質を補正していきます。

■EQ（イコライザー）

イコライザーはデフォルトで各チャンネルに装備されています。ここでは「A.Guitar」のチャンネルを例に解説します。EQを使用してA.Guitarの音を少しキラッとさせます。

EQ（イコライザー）を開く

手順

1 「A.Guitar」チャンネルにある「e」（チャンネル設定の編集）ボタン（①）をクリックします。

①「チャンネル設定の編集」ボタン

「チャンネル設定」ウィンドウが表示され、中央にEQが表示されます（次ページ図参照）。

グラフでは左が低い周波数、右に行くほど高い周波数になります。グラフ下では「LO」（次ページ図②、低域）、「LMF」（次ページ図③、低中域）、HMF（次ページ図④、高中域）、HI（次ページ図⑤、高域）の合計4つの周波数帯（バンド）の調整がおこなえます。

ヒント
オーディオトラックでは、「チャンネル設定」ウィンドウはトラックの「e」ボタンをクリックして表示させることもできます。

ヒント
表示が「チャンネルストリップ」になっているときには「EQ」タブをクリックしてEQウィンドウにします。

②「LO」（低域）
③LMF（低中域）
④HMF（高中域）
⑤HI（高域）

　Cubase 内蔵のイコライザーでは、4つの周波数帯ごとに、イコライザーのかかり方がそれぞれ異なります。

　デフォルトでは、「LO」と「HI」は「シェルビングタイプ」に設定され、設定した周波数ポイントよりも上（または下）の周波数を一定の割合でブースト（強める）／カット（弱める）します（下図左）。対して「LMF」と「HMF」は「パラメトリック※タイプ」といい、設定した周波数ポイント中心にブースト／カットします。

　「LO」と「HI」は、パラメトリックなど他のタイプに変更することができますが、「LMF」と「HMF」はパラメトリックタイプのみ用意されています。

※このようなタイプを「ピーキング」ということもあります。

LO、HI をそれぞれ 10dB ブーストしたところ　　LMF、HMF をそれぞれ 10dB ブーストしたところ

EQ（イコライザー）での調整

ここでのEQ操作の目的である「A.Guitar」の音をキラッとさせるには、高い周波数全体をブーストします。EQの中の一番右、「HI」というバンドを使うと、設定した周波数より高い周波数をブースト／カットできます。

手順

1 一番右、「HI」の左上にある「バンドをオン／オフ」ボタン（①）をクリックしてオンにすると、ウィンドウ中央のグラフの右端に「4」というポイントが表示されます（②）。

ヒント

このポイントを上にドラッグすると、その周波数の帯域をブースト（強める）して、下にドラッグするとその周波数の帯域をカット（弱める）します。

①「バンドをオン／オフ」ボタン

2 曲を再生させながら「4」と表示されたポイントをドラッグして、A.Guitarの音が前に出てくるポイントを探します。

ポイントを左右にドラッグしながら、キラッとしてくる周波数を探していきます。周波数の設定ポイントは「HI」欄にHz（ヘルツ）単位で表示されます（次ページ図③）。

ヒント

左にドラッグするとより低い周波数が、右にドラッグするとより高い周波数がブースト／カットされます。

さらに上下にドラッグして、ブースト／カットする量を調整します。
ここでは、3000Hz付近を10dBほどブーストすると、いい結果が得られました。

ヒント

A.Guitar の音だけを聞いて調整したいときは、EQ と同じ「チャンネル設定」ウィンドウの右端にあるフェーダー上部の「S」ボタン（④）をクリックします。調整が終わったらまたクリックして解除します。

④「S」ボタン

楽器別の EQ プリセットを試す

　EQ には、楽器にあわせたプリセットが用意されているので試してみましょう。ここではドラム・パートにプリセットを設定します。

　前項手順1を参考に、「01 175 drums01」チャンネルの「チャンネル設定」ウィンドウを開いておきます。

手順

1 「EQ」タブの右端の「プリセットの管理」マーク（①）をクリックするとメニューが表示されるので、「プリセットの読み込み」（②）をクリックします。

2 プリセットリストが開きます。

①「プリセットの管理」マーク
②「プリセットの読み込み」

242

「Category」で「Drum & Perc」(③)、「Sub Category」で「Drumset」(④) を選択すると、「結果」にドラム用のプリセットが表示されるので、ここでは「Rock Drums」(⑤) をダブルクリックします。

ヒント
フィルターが表示されていないときは、プリセット画面右上にある「ウィンドウレイアウトの設定」(上図⑥)をクリックして「フィルター」にチェックを入れます。

EQのプリセットが読み込まれ、再生すると音質が少しワイルドな感じになっているのがわかります。

ヒント
EQのバイパスボタン(⑦)をクリックして、EQがかかった状態とバイパスした状態を聞き比べてみましょう。

他のトラックのチャンネルにもEQをかけて、より良いサウンドを目指しましょう。

Chapter 9　ミックスでカッコいいサウンドに仕上げる　243

■リバーブ

ボーカル録音の際にも、インサートにリバーブをかけましたが、ミックスの際には「センド・リターン」という方式でリバーブをかけます。各トラックからセンドを使ってリバーブに送る量が多くなるほどリバーブ成分が増える、というかけかたです。

エフェクト専用のチャンネルを読み込む

リバーブは、各チャンネルのインサートではなく、エフェクト専用のチャンネルのインサートに読み込みます。

手順

1 ミキサーの空いているところで右クリックして「エフェクトトラックを追加」（①）をクリックします。

①「エフェクトトラックを追加」

2 「トラックを追加」ウィンドウが開きます。
「エフェクト」欄（②）をクリックして「Reverb」（③）→「RoomWorks SE」（④）をクリックして選択します。

「構成」欄をクリックして「ステレオ」（⑤）を選択し、「トラックを追加」（⑥）をクリックします。

> **ヒント**
> リバーブは広がりを与えるエフェクトなので、その効果をわかりやすくするため、通常はステレオで使います。

3 ミキサーにはRoomWorks SEが読み込まれた状態でFXチャンネル（⑦）が追加されます。

Chapter 9　ミックスでカッコいいサウンドに仕上げる

5 「センド-リターン」方式では、トラックの音に、エフェクトトラックで生成したリバーブ音を足すため、エフェクトトラックはリバーブの音のみ出力し、トラックのもとの音が出力しないようにする必要があります。

このバランスは、RoomWorks SE の「Mix」ツマミ（⑧）で調整します。左いっぱいの「0」ではトラックからだけの音になり、右いっぱいの「100」にするとリバーブ音だけになります。よってここでは右いっぱいに設定します。

⑧「Mix」ツマミ

> **ヒント**
> トラックからの音を「Dry（ドライ）音」、リバーブなどエフェクトの音を「Wet（ウェット）音」と表すことがあります。

センドの操作

では、「Melody」チャンネルから作成したFXチャンネルに音を送って、リバーブをかけてみましょう。「Vocal」トラックを使っている場合には、「Melody」チャンネルを「Vocal」に読み替えて操作してください。

手順

1 ミキサーの「Melody」チャンネルで「Sends」（①）をクリックして、スロットを表示します。

2 スロット右にある「▼」をクリックします（②）。

①「Sends」

②クリック

3 メニューが開くので、「FX 01-RoomWorks SE」（③）をクリックして選択します。

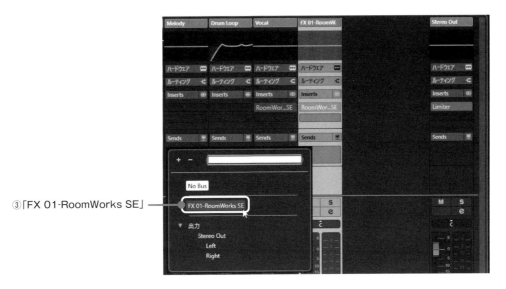

③「FX 01-RoomWorks SE」

4 「Melody」チャンネルの「Sends」欄にカーソルを近づけて「Sendをオン/オフ」ボタン（④）をクリックしてオンにします。

5 オンにすると「Sendをオン/オフ」ボタンのすぐ下に「0.00」と表示されます（⑤）が、これは「かなり送っている」状態、つまりリバーブがたくさんかかっている状態です。スライダーを左にドラッグして、センド量を調整します。ここでは「-10.4」にしました。

ヒント
パンでの操作同様、Shiftキーを押しながらドラッグすると小刻みに調整できます。

④「Sendオン/オフ」ボタン

⑤「0.00」と表示される

同様に、他のトラックのセンドからもFXチャンネルに音を送ってリバーブをかけて、より良いサウンドを目指しましょう。

ヒント
ベースやドラムのキックにリバーブがかかるとサウンドが汚くなる傾向があるので、ボーカルやギターソロなどだけにとどめておくのが無難です。

Chapter 9　ミックスでカッコいいサウンドに仕上げる

ミックスの実践その4・仕上げ

　ボリュームの項でだいたいのバランスを決めましたが、EQ やリバーブをかけた結果、バランスが変わってくることがあります。再生しながら、再度、ミキサーのフェーダーでバランスを調整します。

書き出し

それでは、最後の工程であるファイルへの「書き出し」作業に入ります。ここでは、オーディオ CD などに書き込める「Wave ファイル」への書き出しをおこないます。他のウィンドウは閉じて、プロジェクトゾーンが表示されるようにしておきましょう。

■書き出し範囲の設定

まずは、書き出す範囲を設定します。

ここで作成した曲は 3 小節目から 10 小節目までですが、本書の例題曲のように、曲の先頭から生の演奏や歌などを録音している場合、先頭の 3 小節目より微妙に早く（前から）音が録音されている場合があります。また曲の終わりは、楽器などの音の余韻やリバーブ成分の余韻などもあります。曲のはじまりや終わりの部分が不自然にならないよう、書き出す範囲の前後に余裕をもたせ、開始を 1 小節前の 2 小節目（2.1.1.0）に、終了を 2 小節あとの 12 小節目の終わり（= 13 小節目のはじまり=「13.1.1.0」）に設定します。

> **ヒント**
> 曲の先頭に生の演奏や歌を録音した音がない場合、たとえば付属のループファイルや、入力した MIDI ／インストゥルメントだけで構成されている曲なら、書き出す範囲の開始点を曲の先頭に設定してもだいじょうぶです。

Chapter 2「サイクル再生」(71 ページ)での左右ロケーターの設定を参考に、範囲をトランスポートパネルにある「左ロケーター位置」と「右ロケーター位置」で設定します。

■Wave ファイルに書き出す

ここではデスクトップに「Song1」というファイル名で、CD フォーマットであるステレオの Wave ファイルで書き出しします。

手順

1 「ファイル」メニュー (①) の「書き出し」(②) から「オーディオミックスダウン」(③) をクリックします。

「オーディオミックスダウン書き出し」ウィンドウが開きます。

250

2 「名前」

「名前」欄（④）をダブルクリックして、ファイル名（ここでは「Song 1」）を入力します。

3 「保存先」

「保存先」欄（⑤）をクリックしてメニューから「選択」（⑥）をクリックすると、「ファイル名と場所を選択」ウィンドウが表示されます。

保存場所（ここでは「デスクトップ」〔⑦〕）を選択して、「保存」（⑧）をクリックして「ファイル名と場所を選択」ウィンドウを閉じます。

> **ヒント**
> 「保存」をクリックしても、この時点ではまだ書き出しははじまりません。

4　「ファイル形式」

書き出すオーディオのファイル形式を選択します。

「ファイルタイプ」（⑨）

ここではデフォルトの「Wave ファイル」のままにしますが、項目をクリックするとメニューが開き、目的によってファイル形式を選択することができます。

「サンプリングレート」（⑩）

ここで書き出すのはオーディオ CD のフォーマットなので、「サンプリングレート」は「44.100kHz」です。項目をクリックするとメニューが開くので、目的によってメニューから選択します。

「ビット解像度」（⑪）

ここで書き出すのはオーディオ CD のフォーマットなので「16 bit」にします。項目をクリックするとメニューが開くので、目的によってメニューから選択します。

「ファイル形式」（⑫）

ファイルをモノラル、ステレオなどで書き出す項目です。ここでは「Interleved」、これが通常のステレオファイルになります。

あとはデフォルトのままです。

5　すべての設定が終了したら「オーディオの書き出しを実行」をクリックします。
「オーディオミックスダウン書き出し」ウィンドウが開き、進捗状態が表示されます。
書き出しが終了すると「オーディオミックスダウン書き出し」ウィンドウが閉じます。

デスクトップに「Song1」のファイルが書き出されているのを確認します。

■Cubase のプロジェクト内に読み込む

書き出したファイルを Cubase 内に読み込んで、どのような状態になっているか確認してみましょう。外部からオーディオファイルを読み込む際も、同様の手順で操作できます。

手順

1 新規プロジェクトを作成し、「ファイル」メニュー（①）の「読み込み」（②）から「オーディオファイル」（③）をクリックします。

2 「オーディオの読み込み」ウィンドウが開きます。読み込みたいファイルを保存した場所（ここでは「デスクトップ」）を開いて読み込みたいファイル（ここでは「Song 1」）をクリックして選択し（④）、「開く」（⑤）をクリックします。

Chapter 9　ミックスでカッコいいサウンドに仕上げる　253

3「読み込みオプション」が開きます。「プロジェクトフォルダーにファイルをコピー」にチェックを入れて（⑥）、「OK」（⑦）をクリックします。

⑥チェックを入れる
⑦「OK」

ヒント
「プロジェクトフォルダーにファイルをコピー」にチェックを入れておかないと、常にもとのファイルを参照することになり、うっかりもとのファイルを移動してしまうと、参照ファイルが見つからずにエラーになってしまいます。そのため、オーディオファイルを読み込む際は、必ずここにチェックを入れておきます。

プロジェクトに、前項で書き出したオーディオファイル「Song 1」が読み込まれました。

書き出す範囲に余裕をもたせたので、曲がはじまる前と終わったあとに空白部分があります。Chapter 8「オーディオデータの編集」（199 ページ〜）を参考に、何度か再生させながら不要な部分をカットして、イベントの長さが正確に曲のはじまりの位置と終わりの部分の位置になるよう調整します。

すばやい書き出し範囲の設定方法

Chapter 8「オーディオデータの編集」(199 ページ～) を参考に曲のはじまりと終わりの位置を調整し、その調整内容をオーディオファイルに反映させるには、調整をおこなった状態で、もう一度書き出す必要があります。

ただ、調整したイベントのはじまりと終わりの位置は、小節や拍など、区切りのいい位置ではなく、微妙な位置に調整されていることがほとんどです。そのため、この Chapter で解説した手順で、左右のロケーターに正確にイベントの開始／終了位置を設定するのはなかなか困難です。

そんなとき Cubase では、イベントの開始位置と終了位置をそのまま左右ロケーターに設定してくれる、便利な方法があります

すべてのイベントを選択した状態で、「トランスポート」メニューの「ロケーター」にある「ロケーターを選択範囲に設定」(ショートカットは P キー) をクリックします。

このようにすると、イベントの開始／終了点が中途半端な位置であっても、Cubase が自動的に左右ロケーター位置を正確に設定してくれます。

範囲を設定したあとは、この Chapter で解説した「書き出し」をおこないます。

ヒント

書き出す際は念のため、先に書き出したオーディオファイルとは違う名前 (たとえば「Song 1Edit」など) をつけて書き出しておきましょう。そうすれば万が一、書き出した内容に満足できなかったときも、先に書き出したオーディオファイルがそのまま残っているので、もう一度やりなおすことができて安心です。

コラム　非録音時の MIDI 入力データ記録

　録音（入力）操作をしていない状態でも、接続している MIDI キーボード（オンスクリーンキーボードを含む）で弾いたデータを一時的な記録（バッファ）として保存し、あとからトラックに挿入できます。

　これはたとえば、Cubase を停止した状態のときに、何気なく MIDI キーボードを弾いていたら、「あ、今弾いたフレーズ、すごくよかった。でも、どういうのだったっけ？」というときや、入力前に Cubase で再生したリズムにあわせて練習していたら、「あ、意外とうまくいった。ああ、録音しておけばよかった」というときなどに便利です。

手順

1. MIDI インストゥルメントトラックを選択して、音が鳴る状態にしておきます。
2. Cubase を停止または再生（録音していない）状態で MIDI キーボードを弾きます。
3. インスペクターの「録音を挿入（非録音時の MIDI 入力データ記録を挿入）」（①）をクリックするとメニューが開くので、「リニア録音として挿入」（②）をクリックします。
4. 選択していたトラックに、MIDI キーボードで弾いた MIDI データが入力されます。

①「録音を挿入（非録音時の MIDI 入力データ記録を挿入）」

②「リニア録音として挿入」

③「サイクル録音として挿入」

ヒント

「サイクル録音として挿入」（上図③）は、サイクル再生をしている間の MIDI データをすべて複数の MIDI イベントとして入力します。サイクル再生しているときのみ有効になります。たとえば3回サイクル再生したあとに挿入すると、3つのイベントが重なって挿入されます。

Chapter 10

制作のヒント

　ここまで、Cubase での制作例をその手順どおりに解説してきました。この Chapter では、今後の制作で覚えておくと便利なヒントをご紹介します。

独自のキーボードショーカットを
アサインして快適に操作しよう！

ショートカットキーは、作業の効率化に欠かせません。デフォルトで設定されているショートカットキーの他にも、よく使う機能には新たに独自のショートカットキーをアサインして、さらに快適な操作ができるようにしましょう。

■ショートカットキーのアサイン方法

ここでは例として、「キーエディターを開く」を K キーにアサインします。

手順

1 「編集」メニュー（①）から「キーボードショートカット」（②）をクリックします。
キーボードショートカットを設定するウィンドウが開きます。ここで「コマンド」欄（③）に表示されているのがメニューなのですが、膨大な数のメニューが用意されているので、検索機能を使ってすばやく目的のメニューを見つけましょう。

2 パソコンのキーボードを「日本語入力モード」にします。

3 「検索」欄（④）にアサインしたいコマンド（ここでは「キーエディター」）を入力して、パソコンのキーボードの Enter キーを押します。

「コマンド」欄にキーエディターに関するコマンドが表示されます。

> **ヒント**
> 時により、表示がスクロールしないこともあります。その場合には、スクロールバーを上下にドラッグして、検索され、選択されたメニューを探しましょう。

4 ショートカットをアサインしたいコマンド（ここでは「キーエディターを開く」）を選択します（⑤）。

「キーエディターをウィンドウで開く」と「キーエディターを開く」は同じコマンドで、「キーエディターを下ゾーンで開く」はプロジェクトウィンドウ下側で開くコマンドです。ここでは「キーエディターを開く」コマンドを例に解説しています。

5 「キー」の項目をクリックして（⑥）入力待機状態にしてから、パソコンのキーボードを「日本語入力モード」から「半角英数入力モード」に変更してアサインしたいキー（ここでは K キー）を押します。

これでキーエディターのショートカットキーが K に設定されました。

④「検索」欄
⑤コマンドを選択
⑥「キー」の項目をクリック

> **ヒント**
> Ctrl 、Shift 、Alt キーなどと他のキーと組みあわせてアサインすることも可能です。また、一度押したキーを変更するには、BackSpace キーや Delete キーを押すとそれらのキーが設定されてしまうので、新たに設定したいキーを押しなおします。

> **ヒント**
> すでにデフォルトのショートカットがアサインされていると、再設定してよいかを尋ねられます。操作が混同しないよう、「キャンセル」をクリックして画面を閉じ、重複しないキーを設定しなおすことをお勧めします。
>
>

Chapter 10　制作のヒント　259

6 他のメニューにもショートカットキーのアサインを続けておこなう場合には、手順2から5の操作を繰り返します。

7 終了したら「閉じる」(⑦) をクリックします。

> **ヒント**
> 一度アサインしたキーを無効にするには、「キーボードショートカットを削除」をクリックします。

これで、イベントを選択したら K キーを押すだけで、キーエディターが開きます。

キーエディターの他にも、スコアエディターやドラムエディター、サンプルエディターなどのエディターを開く操作にも、ショートカットキーをアサインしておくと便利です。

トラックが多くなったらグループチャンネルトラックでまとめよう！

■グループチャンネルトラックとは

　本格的な制作になると、使うトラックの数がどんどん増えてきます。トラックが増えると、ミックスの際など、音量の調節だけでもたくさんのフェーダーを動かさなくてはならなくなります。

　そんなときに便利なのが、複数のトラックをまとめて調整できる「グループチャンネルトラック」です。

　このグループチャンネルトラックでは、複数のトラックの音量を1つのフェーダーで調整できるので、ミックス作業が軽減できるだけではなく、各トラックで個別に調整した音量のバランスを保ったまま、グループチャンネルトラック内のトラックの音量をまとめて調整することができます。さらに複数のトラックの音に対して1つのエフェクトを一括でかけることもできるので、音質や効果を統制することができ、効率的に制作がおこなえます。

グループチャンネルトラックを使わないと……

　3つのコーラストラックがある、下図のようなプロジェクトを例に説明しましょう。

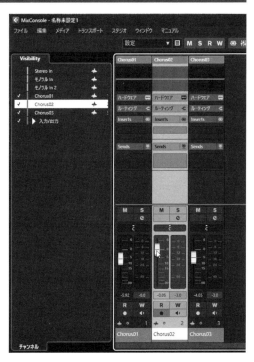

　各トラックのフェーダーを調整して音量のバランスを取ったあとで、やっぱりコーラスの音量を全体的に上げたい（または下げたい）ということがあるかもしれません。そんなとき、個々のフェーダーを操作すると、せっかく取ったバランスまでもが崩れてしまいます。

　また、コーラス全体にディレイなどのエフェクトをかけたい場合、このままではそれぞれのトラックに1つずつ、合計3つのディレイが必要になります。パラメーターの操作も、3つのディレイそれぞれにおこなわなくてはなりません。

グループチャンネルトラックを使うと……

　グループチャンネルトラックのフェーダーを使えば、各トラックで調整した音量バランスはそのままに、全体的な音量の調整が簡単にできます。
　さらに、エフェクトのディレイをコーラス全体にかけたい場合も、グループチャンネルトラックに1つだけかければコーラス全体にディレイがかかり、パラメーターの操作も1つのディレイだけですみます。

グループチャンネルトラック

　グループチャンネルトラックには、なるべく同時に操作する同系統の楽器のトラックをまとめるようにします。
　たとえば、バッキングで使うギター類、バイオリンやチェロなどの弦楽器類、トランペットやサックスなどの管楽器類などですが、同じ楽器類でもソロを取る楽器は、目立たせるために音量やエフェクトを個別に調整することが多いのでグループに入れないほうがよいでしょう。

■グループチャンネルトラックの作成

Cubaseではトラックを作成する際、選択されているトラックの下に作成されます。どのトラックをまとめたグループチャンネルトラックなのかがわかりやすいよう、グループの一番下にあるトラックの下に作成します。

手順

1 Chapter 2「**新規トラックの作成**」（50ページ）を参考に、グループの一番下にあるトラック（ここでは「Chorus 3」トラック）を選択し（①）、トラック上で右クリックして「トラックを追加」（②）から「グループ」（③）をクリックします。

2「トラックを追加」ウィンドウが開きます。ここで調整するコーラストラックは広がりや奥行きを重視するパートなので、ステレオのトラックを作成します。
「構成」欄をクリックして「ステレオ」（④）に、「数」はデフォルトの「1」のままで、「トラックを追加」（⑤）をクリックします。

ヒント

同じ楽器を集めて厚みをつけるような場合、たとえばオーケストラの第1バイオリンをすべてまとめるときには「構成」欄を「モノラル」にします。

Chapter 10　制作のヒント　　263

3 「Group 01」というトラックが作成されるので、トラック名をダブルクリックして、わかりやすい名前（ここでは「Chorus Group」）を入力して Enter キーを押して確定します（⑥）。

⑥トラック名を変更する

■グループチャンネルトラックへのアサイン

　ここでは、3つのコーラストラックをグループチャンネルトラックへアサインします。この操作は、トラックの「アウトプットのルーティング」をデフォルトの「Stereo Out」から先ほど作成したグループチャンネルトラックの「Chorus Group」に変更します。

複数トラックの選択

　同じ操作を複数のトラックに対しておこなう場合、個別に操作するよりも複数のトラックを選択して一括でおこなったほうが効率的です。

手順
1 選択したいトラックの一番上にあるトラック（ここでは「Chorus01」トラック）をクリックして選択します。
2 Shift キーを押しながら、一番下にあるトラック（ここでは「Chorus03」トラック）をクリックします。
　これで、3つのトラックが選択されました。

264

複数トラックのアサイン

手順

1 左ゾーンの「アウトプットのルーティング」(①) にある「Stereo Out」を、Shiftキーと Altキーを同時に押しながらクリックするとメニューが表示されます。

2 メニューから「グループ-Chorus Group」(②) をクリックします。

　これで、選択されている3つのトラックが「Chorus Group」にアサインされました。今後、コーラス全体の調整をおこなう際には、このグループチャンネルトラックを操作するだけですむようになりました。

Chapter 10　制作のヒント　265

■グループチャンネルトラックでの音量操作

ショートカット F3 キーを押してミキサーを表示すると、コーラストラックのチャンネルの右に「Chorus Group」トラックチャンネルが追加されています。

「Chorus Group」トラックチャンネル

これで再生させながら、「Chorus Group」チャンネルのフェーダーを上下すると、各コーラストラックの音量バランスはそのままで（各コーラストラックのフェーダーはその位置を保ったまま）、コーラス全体の音量を上下させることができます。

■グループチャンネルトラックへのエフェクトのアサインと操作

エフェクトもこのグループチャンネルトラックへかければ、コーラス全体にかけることができます。ここではディレイをかけてみましょう。

手順

1 ミキサーの「Chorus Group」チャンネルで「Inserts」欄（①）をクリックして、スロット（②）を表示します。

> **ヒント**
> これまでの操作ですでにスロットが表示されている場合は、手順1の操作は不要です。

2 スロットをクリックして、メニューから「Delay」(③) → 「MonoDelay」(④) をクリックします。

3 MonoDelay が表示されます。

　これで再生させると、コーラス全体にディレイがかかります。「DELAY」ではディレイタイム、「MIX」ではディレイと原音の割合を調整することができます。好みの値に調整してみてください。

動きが重い！　止まってしまう！ そんなときにはフリーズトラックを

　制作が進み、使用しているトラックやエフェクトの数が増えてくると、その処理によりパソコンの CPU に負荷がかかり、操作の反応が遅くなったり、プロジェクトの録音や再生の動作がおかしくなったりすることがあります。

　このようなときにフリーズ機能を使うと、CPU への負荷を軽減させ、動作を安定させることができます。

　フリーズ機能とは、トラックを一時的にオーディオデータに書き出して CPU の負荷を下げる機能のことです。フリーズしたトラックを「フリーズトラック」と呼び、音量やパンなど基本的な操作以外の編集／修正はできなくなります。「アンフリーズ」という操作をおこなうと、もとの編集／修正が可能な状態に戻ります。

■MIDI ／インストゥルメントトラックのフリーズ

　フリーズすると、リアルタイムで動作している VST インストゥルメントとエフェクトが動作を停止し、CPU への負荷が軽減されます。

Hint!

> MIDI トラックには、フリーズをおこなうための「フリーズ」ボタンがありませんが、VST インストゥルメントと接続しているときには、VST インストゥルメント／ MediaBay ゾーンに表示されている VST インストゥルメントのパネルにある「フリーズ」ボタンでフリーズがおこなえます。くわしくは 271 ページ「フリーズの手順 2」の手順 1 を参照してください。

　インストゥルメントトラックでフリーズをおこなうと、その VST インストゥルメントに接続している他の MIDI トラックもすべて連動してフリーズされます。

　本書で制作したプロジェクトのように、まずインストゥルメントトラックで VST インストゥルメント（HALion Sonic）を起動し、あとから追加した MIDI トラックをインストゥルメントトラックで起動した VST インストゥルメントに接続しているような場合は、インストゥルメントトラックをフリーズすると、同じ VST インストゥルメントに接続している MIDI トラックもすべてフリーズされます。

フリーズの手順1

インストゥルメントトラックと MIDI トラックが同じ VST インストゥルメントに接続している場合

手順

1 フリーズしたいインストゥルメントトラックを選択します（①）。

2 左ゾーンにある「チャンネルをフリーズ」ボタン（②）をクリックします。

3 「チャンネルのフリーズオプション」が開きます。

使用しているインストゥルメントだけをフリーズしたい場合は、「インストゥルメントトラックの Inserts を含める」（③）にはチェックを入れないままにします。
使用しているインストゥルメントトラックとエフェクトをまとめてフリーズしたい場合にはチェックを入れます。

Hint!
トラックでインサートエフェクトを使用しており、エフェクトの調整がすんでいる場合には、チェックを入れるとよいでしょう。

4 「テールサイズ」欄（④）でフリーズした際の音の余韻を秒単位で調整します。デフォルトでは「0秒」に設定されていますが、特にディレイやリバーブなど余韻を付加するエフェクトを使っていたり、余韻の長い音色を使っていたりする際には、フリーズしたときに音が途切れないように長めに設定します。「▲」をクリック、あるいは数字をダブルクリックして数値を入力して、秒数を増やして長めに設定します。ここでは「5s（秒）」としました。

⑤「OK」

5 「OK」（右上図⑤）をクリックします。
フリーズの進捗状況を示すウィンドウが表示され、終了すると閉じます。

トラックのイベントには、フリーズされ、編集や修正ができないことを示す鍵マークが表示されます（⑥）。

ヒント

前述のように、インストゥルメントトラックで使用しているVSTインストゥルメントに接続しているMIDIトラックのイベントもすべてフリーズされます（下図参照）。

⑥鍵マークが表示される

フリーズの手順 2

MIDI トラックとインストゥルメントトラックを独立して起動し、接続している場合

たとえば MIDI トラックを単独で作成し、そのあと、新たに VST インストゥルメントを単独で起動したような場合です。MIDI トラックにはフリーズボタンがないので、VST インストゥルメントのパネルでフリーズをおこないます。

ただし、Cubase LE の右ゾーンには VST インストゥルメントタブがないので、フリーズはインストゥルメントトラックでのみおこなうことができます。

手順

1 右ゾーンにある、フリーズしたい VST インストゥルメントのパネル上にある「インストゥルメントをフリーズ」ボタン（①）をクリックします。

ヒント

インストゥルメントトラックの場合とは異なり、「VST インストゥルメントと接続されているトラックを自動的にフリーズする」という仕様のため、フリーズするトラックを選択する必要はありません。

2 「チャンネルのフリーズオプション」が開きます。
以降の手順は、前項「フリーズの手順 1」と同様です。

Chapter 10　制作のヒント　271

■オーディオトラックのフリーズ

　オーディオトラックに録音／入力されているオーディオイベントと、オーディオトラックにかけているインサートエフェクトがフリーズされます。リアルタイムでかかっていたエフェクトがフリーズされることによって動作を停止するので、エフェクトによるCPUへの負荷が軽減されます。

手順

1 フリーズしたいオーディオトラックを選択します（①）。
2 左ゾーンにある「チャンネルをフリーズ」ボタン（②）をクリックします。

3 「チャンネルのフリーズオプション」が開きます。
　オーディオトラックは、エフェクトをオーディオ化するだけなので、テールサイズ以外のオプションはありません。テールサイズについては、前項の「テールサイズ」をご覧ください。

4 「OK」をクリックします。

フリーズの進捗状況を示すウィンドウが表示されたあと、終了すると閉じます。

オーディオトラックでも、フリーズされたオーディオトラックのイベントには鍵マークが表示されます。

鍵マークが表示される

■アンフリーズ（フリーズの解除）

編集や修正が必要になったときには「アンフリーズ」をおこなうことで、再び編集や修正が可能になります。

手順

1 アンフリーズは、ここで紹介したそれぞれのフリーズの手順1でクリックした、インスペクター、またはVSTインストゥルメント／MediaBayゾーンのVSTインストゥルメントパネルで、フリーズボタンをクリックします。

2 「チャンネルオプションのフリーズを解除」が開きます。「フリーズファイルを削除」にチェックを入れて「OK」をクリックします。

「フリーズファイルを削除」

アンフリーズが実施され、イベントに表示されていた鍵マークがなくなり、編集や修正が可能になります。

Chapter 10　制作のヒント　273

移調してキーをあわせよう！

　メロディをどれくらいの高さ（低さ）で歌う（演奏する）かを示すのが「キー（調）」です。本書で作成した参考曲のキーは「C（メジャー）」です。この曲のメロディは「ミ、ミ、ファ、ソ……」となっていますが、このキーでは、人によっては高すぎたり低すぎたりして歌いにくい（あるいは楽器の特性上演奏しにくい）ということがあります。歌う人（演奏する楽器）にあうようにキーを変更することを「移調」といいます。

　ここでは、本編で作成した参考曲を例に、キー「C（メジャー）」を別のキーに移調してみましょう。

> **ヒント**
> ティンパニーなど音階をもつものを除いて、ドラムなどの打楽器にはキーという概念はありません。また打楽器は、移調してしまうとサウンドの変化が激しいため、インストゥルメント、MIDI、オーディオトラックを問わず、移調の対象からはずします。
> ここでは打楽器以外のトラックを一度に選択するため、ドラム・パートのループファイルを再生している「01 175 drums01」トラックをドラッグして一番下に移動させてから（下図参照）、移調作業をおこないます。また、コードトラックは移調できないので、これも選択しません。

■イベントの移調

手順

1 移調する対象のイベントを選択します（①）。

ここでは、コードトラックと「01 175 drums01」トラック以外のイベントを囲むようにドラッグして選択します。

①イベントを選択

2 プロジェクトウィンドウ右上の「ウィンドウレイアウトの設定」ボタン（②）をクリックして、「情報ライン」（③）にチェックを入れると、プロジェクトウィンドウ上部に「情報ライン」（④）が表示されます。すでにプロジェクトウィンドウに情報ラインが表示されているときには、この操作は不要です。

②「ウィンドウレイアウトの設定」ボタン

③「情報ライン」

④「情報ライン」

Chapter 10　制作のヒント　275

3 「情報ライン」の「移調」欄で、移調する幅を設定します。

Cubaseでは、半音を「1」として、たとえば、キーを「C」から「D」に上げるには半音2つ分上に移動するので「(+)2」、キーを「C」から「A」に下げるには半音3つ分下に移動するので「-3」というように設定します。

> **ヒント**
> キーを「C」から「A」に移調する場合、「9」上げてキー「A」にすることもできます。「上げてAにする」か、「下げてAにする」かは、どちらのほうが音質の変化が少ないかで決めるとよいでしょう。一般的に、数値の差があるほど音が不自然になります。

ここでは、キーを「C」から「D」に上げてみましょう。
「移調」欄の数値をダブルクリックして「2」を入力し（⑤）、Enterキーを押して確定します。

⑤「2」を入力

これでキー「D」に移調できました。

■オクターブの移調で厚みを作る

全体のキーを変更するだけではなく、トラックのイベントを個別に移調して独自の効果を得ることもできます。

たとえば、ギターのソロを録音したものの、音が薄く存在感がない、という場合、トラックを複製したうえで、オクターブ下に移調して重ねると、低音が加わり厚みが出て存在感が増します。

> **ヒント**
> 1オクターブは半音12個になります。

手順

1 複製したいトラック（ここではギタートラック）を選択します（①）。
2 選択したギタートラックの上で右クリックして、メニューから「トラックを複製」（②）をクリックしてトラックを複製します。

① トラックを選択

②「トラックを複製」

3 複製したトラックのイベントを選択し（③）、「移調」欄に「-12」を入力します（④）。

④「-12」を入力

③複製したイベントを選択

　1オクターブの移調なので正確には「移調」とはいえませんが、たとえば、複製したトラックのイベントを5度上（Cubase 上では「+7」）などに設定して、簡易的なハーモニーを作ることなどにも利用できます。

Chapter 10　制作のヒント　　277

オートメーションを使って躍動的なミックスを!

　ミックスの際、特にボーカルトラックでは、曲の起伏にあわせて音量の操作をすることがしばしば求められます。また、臨場感を出すために曲のセクションにあわせてエフェクト、特にリバーブ成分を増減することもよくおこなわれます。

　これらの操作は、ミックスの際にリアルタイムでおこなうのではなく、操作した内容を「オートメーション」というデータとして曲の中に保存しておきます。こうしておくと、再生するたび、保存したオートメーションのデータによってボーカルトラックの音量やリバーブ成分の増減が再現されるのはもちろん、ファイルに書き出す際にも反映されます。

　ここでは、録音したボーカルトラックの音量、そしてインサートでかけているリバーブの増減を例に、オートメーションの書き込みと読み込みを解説します。

> **ヒント**
> 一般的には「書き込み」、「読み込み」というように送り仮名がつきますが、Cubaseではそれぞれ「書込」、「読込」と表示されます。本書では、本文中では「書き込み」「読み込み」とし、Cubaseの操作のメニューでは「書込」、「読込」と表示します。

■ボーカルトラックの音量をリアルタイムでオートメーション化する

　ミキサーなどのフェーダーを曲の進行にあわせてリアルタイムで操作し、その動きをオートメーションデータとして記録します。

フェーダーを操作して記録する

　フェーダーは通常ミキサーのフェーダーを使いますが、トラックの左ゾーンにもフェーダーがあるので表示して操作してみましょう。

手順

1. オートメーション化したいトラックを選択します（①）。

　ここでは左ゾーンにあるフェーダー（②）を操作します。

> **ヒント**
> フェーダーが表示されていない場合には、プロジェクトウィンドウ右上にある「チャンネルを表示/隠す」をクリックします。
>
>

2 オートメーションを書き込むために、フェーダーの下にある「W（オートメーション書込）」ボタン（③）をクリックしてオン（赤く点灯）にします。

> **ヒント**
> 隣にある「R（オートメーション読込）」ボタンも点灯します。

> **ヒント**
> トラック、あるいはミキサーにある「W」ボタンでも同じように操作できます。

3 曲を再生させながら、フェーダーを上下にドラッグして音量を調整します。通常はわずかな動きになるはずですが、ここではわかりやすいようにわざとオーバーに動かしています。

これでフェーダーの動きがオートメーションデータとして記録されました。

「W」ボタンをクリックしてオフ（消灯）にして、左の「R」ボタンだけが点灯している状態にして、曲を先頭に戻してから再生し、フェーダーの動きを確認します。

オートメーションデータを確認する

記録したオートメーションデータを表示するには、トラック下側にある「オートメーションを表示/隠す」ボタンをクリックします。

「オートメーションを表示/隠す」ボタン

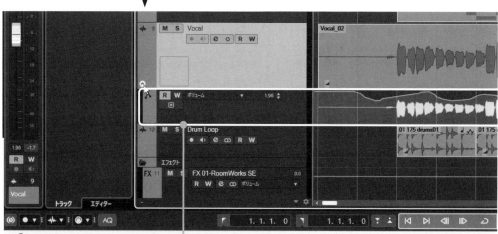

オートメーショントラック

オートメーションデータを修正する

オートメーショントラックに表示されているラインをドラッグして、オートメーションデータを修正することができます。

手順

1 自由なラインを描けるように「スナップオン／オフ」（①）をクリックして消灯し、オフにしておきます。

①「スナップオン／オフ」

2 オートメーショントラックのラインの近くにカーソルを移動すると、白い□のポイント（②）が表示されます。

3 表示されたポイントをドラッグしてラインを修正します（③）。

③ポイントをドラッグ

②白い□のポイント

ポイントがない場所では、カーソルをラインに近づけると鉛筆ツールになるので、クリックしてポイントを追加します。

その状態でポイントにカーソルを近づけると指のツールになるので、ドラッグして修正します。

■最初からラインを描いて
　オートメーションデータを作成する

　フェーダーなどのコントロールをドラッグして操作するのではなく、最初からオートメーションラインを描いてデータを作成することもできます。ここでは、ボーカルトラックにインサートでアサインされているリバーブの深さを調整する「Mix」というパラメーターのオートメーションを作成してみましょう。

　インサートでのリバーブのアサイン方法は、**Chapter 7「エフェクトを使う」**（186ページ）を参考にしてください。

リバーブのオートメーショントラックを表示する

手順

1 Vocalのオートメーショントラックの左下にカーソルを近づけると、「＋（オートメーショントラックの追加）」ボタン（①）が表示されるのでクリックします。

①「＋（オートメーショントラックの追加）」ボタン

　オートメーショントラックが追加されます（②）。「R（オートメーション読込）」ボタン（③）と「W（オートメーション書込）」ボタン（④）が点灯していない場合にはクリックして点灯させます。

②追加された
　オートメーショントラック

③「R（オートメーション読込）」ボタン

④「W（オートメーション書込）」ボタン

2 オートメーションを作成するパラメーターを選択します。

現在「ミュート」と表示されている部分をクリックすると（⑤）メニューが表示されるので、パラメーター（ここでは「Inserts：1：RoomWorks SE - Mix」）を選択します（⑥）。

ヒント

操作したいパラメーターがメニューにない場合は「詳細設定」をクリックして、「パラメーターの追加」ウィンドウを表示して選択します。たとえば、パンを操作したい場合には「Panner」から「Left-Right」を選択して「OK」をクリックします。

Chapter 10　制作のヒント　　283

オートメーションデータのラインを描く

　追加したオートメーショントラックには、まっすぐなラインが表示されています。ここにポイントを追加してオートメーションデータを作成します。

手順

1 「スナップオン/オフ」（①）をオフ（消灯）にします。

ヒント
スナップをオンにすると、ポイントの動きは「グリッドの間隔」で設定された単位で制限されます。これはたとえば「7小節目の先頭から、数小節ずつリバーブが深くなる」というような効果を得るときに有用です。

①「スナップオン/オフ」

2 ラインにカーソルを近づけると鉛筆のカーソルになるので、ラインをクリックしてポイントを追加し、ポイントをドラッグしてデータを書き込みます。

■オートメーショントラックを閉じる

　オートメーションの調整/作成が終わったら、オートメーションを書き込んだトラック（ここではVocal）の上で右クリックして、メニューから「オートメーションを隠す」をクリックして非表示にしておきましょう。

284

Chapter 11

刷新されたスコアエディターで楽譜を作ろう

　Cubase 14 の目玉となる新機能の 1 つが、スタインバーグの楽譜作成ソフト「Dorico（ドリコ）」のエンジンを取り込んだスコアエディターでしょう。入力の簡易さ、楽譜の読みやすさなど、どこを取っても、これまでのスコアエディターとは比べ物にならないほどの仕上がりとなっています。

　本 Chapter では、その充実した機能をもつスコアエディターのほんの初歩の部分ですが、ここまでで作ったプロジェクトを楽譜で表し、訂正する方法や、新規に音符を入力する方法などを解説します。

　なお、このスコアエディターはすべてのグレードで統一した機能になっています。Pro など上位グレードをお使いの方もぜひお役立てください。

曲全体のスコアを見てみる

手順

1 Chapter 5で、メロディを MIDI キーボードによるリアルタイムで入力したプロジェクトを開きます。

該当するプロジェクトを作成していないという方は、**Chapter 5「メロディを入力しよう①～リアルタイム入力編」**（137 ページ）を参考に、ぜひリアルタイムで入力してみることをおすすめします。そして本 Chapter で、データの修正方法を学びましょう。
あるいは、本 Chapter を読み終わってから新たに挑戦するのも手です。

2 「Drum Loop」以外のイベントを選択した状態で（①）、「スコア」メニュー（②）から「スコアエディターを開く」（③）をクリックします。

> **ヒント**
> 「MIDI」メニューにも「スコアエディターを開く」があります。どちらを使ってもかまいません。

> **ヒント**
> Loop ファイルであるドラムのトラックはオーディオデータなので、選択してもスコアに反映されません。

①「Drum Loop」以外のイベントを選択
②「スコア」メニュー
③「スコアエディターを開く」

スコアエディターが開きます。

各パートはプロジェクトウィンドウのトラックの順番通りに表示されます。

Chapter 11　刷新されたスコアエディターで楽譜を作ろう　287

全体を表示するには、スコアエディター右下にあるズームスライダー左の「−」をクリックして縮小させます（ショートカットは G ）。

「−」をクリック

ヒント

コードはコードトラックがそのまま反映されます。テンポもプロジェクトのテンポがそのまま反映されます。

特定のパート（トラック）を編集する

　特定のパートを編集したいというときは、そのパートのみをスコア表示したほうがやりやすいでしょう。
　ここではリアルタイム入力したメロディを編集してみましょう。

手順

1 全体のスコアを表示している場合は、一度、スコアエディターの「閉じる」ボタン（①）をクリックして、スコアエディターを閉じます。

2 修正したいパートのイベント、ここではリアルタイム入力した「Melody」のイベントを選択して（②）、「スコア」メニュー（③）から「スコアエディターを開く」（④）をクリックします。

①「閉じる」ボタン

③「スコア」メニュー
④「スコアエディターを開く」
②修正したいイベントを選択

Chapter 11　刷新されたスコアエディターで楽譜を作ろう

3 修正しやすいように、スコアエディター右下にあるズームスライダー（⑤）右の「＋」をクリックして（⑥）、スコアの表示を拡大します（ショートカットは H ）。

音の長さを修正する

リアルタイム入力では、正確に弾いたつもりでも、実際の音の長さが長過ぎたり短か過ぎたりすることがあります。それはそのままデータに反映され、楽譜に表示されてしまいます。

音が短くなってしまった場合

本来4分音符であるところが、8分音符になってしまっています。

この場合、修正したい音符をクリックして選択して、ノートパレット（音符のボタン）から正しい音符をクリックして修正します。

290

> **ヒント**
> 4分音符は「1/4音符」、8分音符は「1/8音符」と表示されます。

複数の音符をドラッグして選択しておけば、一度にまとめて修正できます。

Chapter 11 刷新されたスコアエディターで楽譜を作ろう

音が長くなってしまった場合

　音が長くなってしまった場合も同様に、該当する音符を選択した状態で、ノートパレットから正しい音符を選択します。

　次図を参照し、スコア全体で音の長さを修正しましょう。

■その他の修正

音の高さを修正する

音の高さが違ってしまった場合には、該当する音符を上下にドラッグして修正します。

ヒント
Alt キーを押しながら、パソコンキーボードの ↑ ↓ キーを押しても修正できます。この場合の修正は半音単位になります。

音のタイミングを修正する

音のタイミングが違ってしまった場合には、該当する音符を左右にドラッグして修正します。

ヒント
Ctrl キーを押しながら、パソコンキーボードの ← → キーを押しても修正できます。

空白小節の削除

譜面前後にある空白の小節は、プロジェクトウィンドウに戻り、イベントの空白を縮めることで削除することができます。

ヒント

この操作では空白部分を削除しただけで、3小節から曲が開始する表示になります。スコアを1小節からの開始にしたい場合には、プロジェクトウィンドウに戻り、イベントを1小節目にずらします。

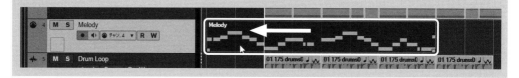

不要な音符の削除

　間違えて入力してしまった音符をクリックして選択して、パソコンキーボードの Delete キーを押します。

パート名の編集

　パート（E.Piano、Melody など）の名前は、スコアエディターでは「譜表ラベル」と呼んでいます。デフォルトではトラック名は反映されず、楽譜の種類、たとえばここでのメロディ譜のようにト音記号が記された楽譜では、Treble staff（高音部譜表）という表示になっています。これをパート名に変更してみましょう。

　ここではメロディ・パートの楽譜なので、「Melody」と変更します。

手順

1 スコアエディターの「スコア」メニュー（①）から「インストゥルメント設定」（②）をクリックします。

①「スコア」メニュー
②「インストゥルメント設定」

　「レイアウト設定：レイアウトを同期」の「インストゥルメント」タブが開きます（次ページ図③）。

2 「正式名称」（次ページ図④）にデフォルトで表示されている「Treble staff」をクリックして反転させます。
　「Melody」と入力して Enter キーを押します。

3 スコアの2段目以降に表示される「省略名称」(⑤)の入力は任意ですが、ここでは「M1」と入力しましょう。

4 「OK」(⑥)をクリックして「レイアウト設定」を閉じます。

1段目が「Melody」、2段目以降は「M1」と表示されました。

歌詞を入力する

ボーカルが入っている曲なら、譜面に歌詞があると本格的に見えます。もちろん Cubase でも歌詞を入力することができます。

ヒント
歌詞はメロディパートに付けます。パート全体のスコアエディターを開いている場合は一度閉じ、Melody パートのみをスコアエディターで開きます。

ヒント
必要に応じて拡大 / 縮小しておきましょう。

手順

1 「テキスト」ボタン（①）をクリックします。
2 テキストに関する機能が表示されます。ここでは「歌詞」ボタン（②）をクリックします。

②「歌詞」ボタン
①「テキスト」ボタン

Chapter 11　刷新されたスコアエディターで楽譜を作ろう

3 歌詞を入力する音符、ここでは先頭のミの音符をクリックして選択します（③）。

4 すると五線の上部に歌詞入力のためのがウィンドウが表示されます。

ここでは音名を歌詞として入力してみましょう（④）。パソコンの入力モードを日本語入力にして「ミ」とタイプします。

④歌詞を入力

③音符を選択

5 Enter キーを押して確定させ、スペースキーを押すと、ウィンドウが次の音符の上に移ります。続きを入力していきましょう。

入力し終わってから間違いに気付いたときには、その歌詞をダブルクリックして修正します。

歌詞をダブルクリック

> **ヒント**
> **Chapter 6 応用「ボーカロイドに歌詞を入力する」**（175 ページ）での歌詞入力と手順はほぼ同じですが、次の音符へ移動する際、ボーカロイドでは Tab キーを使っていたのに対し、スコアエディターではスペースキーを使います。

パートの順番の変更

もう一度、曲全体のスコアに戻ります。

メロディ・パートのみのスコアエディターを一度閉じ、「Drum Loop」以外のイベントを選択した状態でスコアエディターを開きます。

スコアエディターでは、これまで作ってきたプロジェクトの制作パートの順序でトラックが並んでいます。ただし、通常の譜面では、一番上にメロディ、そしてその下に伴奏パートが表示されることが多いです。そのようにするには、まず一度スコアエディターを閉じ、プロジェクトの画面で、「Melody」トラックをコードトラックの下までドラッグすることで、Melodyトラックを一番上に表示することができます。

> **ヒント**
> メロディ・パート以外のパートも、前項の手順でパート名を変更しておくと、よりスコアらしくなります。

新規に音符を入力する

ここまではすでに入力したデータをもとに楽譜を開いて編集をおこないましたが、まったく何もない状態から音符を入力することもできます。

これまで入力してきたメロディを、再びスコアエディターでイチから入力します。

■入力の準備

新規プロジェクトを作成し、インストゥルメントトラックを作成します。

次に HALion Sonic で好みの音色をアサインします。ここでは「[GM001] Acoustic Grand Piano」を選択しました。

鉛筆ツール✐でインストゥルメントトラックの先頭からドラッグして、4小節分のイベントを作成します。

ヒント
Chapter 6「メロディを入力しよう②〜ステップ入力編」と同様に、前半部を入力したらそれを後半にコピペするという手順で入力します。

「スコア」メニューから「スコアエディターを開く」をクリックして、スコアエディターを開きます。

Chapter 11　刷新されたスコアエディターで楽譜を作ろう　301

■入力の実際

これから入力する楽譜です。はじめは4分音符が続きます。

ノートパレットから4分音符（1/4音符）をクリックして選択します。自動的に鉛筆ツール が選択された状態になります。

そのまま五線にカーソルを移動すると、音符の符頭が表示され、五線の上にオレンジ色の縦の線が表示されます。
　この線を「キャレット」といいます。これは音符が中途半端な位置に入力されないようにする目標線です。

　キャレットの単位は、これから入力しようとする楽譜の中で、もっとも短い音符の単位にすると、切り替えの手間が少なくスムーズに入力できます。ここでは「1/8」（8分音符）に設定します。

　では入力します。

4分音符を選択したまま、先頭小節の1拍目のキャレットにカーソルを合わせて、ミの位置でクリックすると入力されます。

ヒント
音符を入力することで1小節の幅が広くなり、後の小節が改行され、次の段に送られることがあります。

4分音符が続くので、どんどん入力していきます。

ヒント
入力途中で間違えてしまった場合には、本Chapter「**特定のパート（トラック）を編集する**」の「**その他の修正**」（293ページ）を参考に修正してください。

付点4分音符、8分音符の入力

4小節目は付点4分音符、8分音符となります。それぞれノートパレットから音符を選択して入力します。

ヒント
キャレットの裏拍は短い棒なので、見づらい場合には拡大して正確な位置に入力するようにしましょう。

まず、付点4分音符は4分音符が選択されている状態で、ノートパレットの付点を選択してから入力します。

> **ヒント**
> 4分音符と8分音符がタイで結ばれた状態で入力されますが、長さは同じです。

　次の8分音符は2拍目の裏拍になります。2拍目の長い線の次にある短い線の位置でクリックします。

　入力を終了するには「オブジェクトの選択」をクリックして矢印ツールに持ち替えます。

コピペする

　前半部と後半部はほぼ同じです。コピペして違う部分を変更すると効率的です。

　一度、スコアエディターを閉じて、プロジェクトウィンドウに戻ります。
　Alt キーを押しながら、入力済みのイベントを5小節目にドラッグしてコピペします。

　ペーストしたイベントをクリックして選択した状態にして、「スコア」メニューから「スコアエディターを開く」をクリックして、スコアエディターを開きます。

Chapter 11　刷新されたスコアエディターで楽譜を作ろう

違う部分を変更する

前半部と違うのは 8 小節目だけです。

まず、付点 4 分音符のミをドラッグしてレに変更します。

次の 8 分音符と 4 分音符は、両方ともドになります。2 つの音符ドラッグして選択して、いっしょにドの位置までドラッグします。

最後の 4 分音符は 2 分音符です。単独でクリックして選択し、ノートパレットから 2 分音符をクリックして選択して変更します。

前半と後半の結合

音符の入力は終わりましたが、このままでは前半と後半が独立した状態です。今後、さらに編集したり体裁を整えたりする場合には、1 つのイベントに結合しておいた方が便利です。ここでイベントを結合します。

手順

1 スコアエディターを閉じ、プロジェクトウィンドウに戻ります。
2 のりツールを選択します。

「のり」ツール

3 前半と後半のイベントを囲むようにドラッグして両方が選択された状態にします。

4 選択したイベント上でクリックするとイベントが結合されます。

スコアエディターで開くと1つのスコアとして表示されます。

　本 Chapter で解説した「**パート名の編集**」（295 ページ）、「**歌詞を入力する**」（297 ページ）などを参考により楽譜らしい外観にしてみてください。

ページビューで体裁を見る

ページビュー画面で見ると、印刷や書き出しのときの体裁で表示されます。

「スコア」メニューから「ページビュー」をクリックすると、パージビュー画面になります。

曲のタイトルには、プロジェクトの名前がそのまま表示されます。「ファイル」メニューから「名前を付けて保存」で表示したいタイトル、たとえば「歓喜の歌」という名前を付けて保存すると、スコアエディターで開くとタイトルの位置に表示されます。

印刷や書き出しは、基本的にここで表示されたように印刷/書き出しされます。

印刷/書き出し

　印刷の際の各種設定は、「スコア」メニューから「レイアウト設定」を選択すると開く、「レイアウト設定：レイアウトを同期」の「ページ設定」でおこないます。

　印刷するには、「ファイル」メニューから「印刷」をクリックして、印刷画面（次ページ図参照）でおこないます。

「ファイル」メニュー

Chapter 11　刷新されたスコアエディターで楽譜を作ろう　　309

PDFへの書き出しやスタインバーグの楽譜制作ソフト「Dorico」プロジェクトへの書き出しは、「ファイル」メニュー→「書き出し」で該当する項目を選択します。

　本Chapterでは、新しくなったスコアエディターのごく基本的な機能について解説しました。ここで紹介した機能のほかにも、楽譜に関するさまざまな対応がなされています。ぜひ使いこなして、サウンドと楽譜の両面から曲を完成させましょう。

INDEX

記号

+48V ➡ ファンタム電源 を参照

アルファベット

A

About 36
Acoustic Snare 131, 132, 133
All MIDI In 38
AmpSimulator 186, 187, 188
ASIO ドライバー 32
「Audio」メニュー
　「サンプルエディターを開く」
　　66, 207
　「処理」209
　「ダイレクトオフラインプロセシ
　　ング」209

B

Bass Drum 131, 132
Buffer Size 35

C

Closed Hi-Hat 131, 132

D

DC オフセットの除去 217
Delay 267
Device 35
Distortion 187
Dynamics 225, 226

E

EQ 239, 241, 242, 243, 248
「e」ボタン 239

F

FX チャンネル 245, 246, 247

G

Groove Agent SE 124, 125, 126, 128, 130, 132, 134, 168

H

HALion Sonic 59, 60, 87, 88, 89, 90, 91, 94, 96, 103, 124, 129, 168, 228, 229, 230, 231, 233, 268, 300
HALion Sonic SE 142
HI-Z 182, 184, 185, 197 ➡ ハイ
　　インピーダンス も参照

I

Inserts 186, 225, 232, 266, 267
Insert を選択 186, 225
INSTRUMENT（Groove Agent SE の）134

L

Latency 35
Limiter 225, 226, 227
Load Program 89, 96
Loop ブラウザー 69, 70, 116, 117, 118, 119, 120, 23

M

MediaBay 47, 69, 70
MIDI IN 37, 38
MIDI イベント 93, 146, 147, 169
MIDI インターフェース 37, 38
MIDI エディター 63

MIDI キーボード 28, 37, 38, 59, 90, 109, 127, 131, 138, 141, 143, 144, 154, 286
MIDI キーボードの接続 37
MIDI ケーブル 28, 37
MIDI ステップ入力 138
MIDI 端子 37
MIDI チャンネル 231
MIDI データ 37, 53, 63, 64, 65, 67, 73, 92, 93, 94, 97, 116, 124, 134, 135, 138, 145, 146, 156, 160, 168, 174, 177, 200, 205, 222
MIDI トラック 51, 52, 94, 95, 98, 101, 102, 141, 268, 269, 270, 271
MIDI ファイル 172, 173, 174
MIDI ポート 37
MIDI ポートの設定 37, 38
「MIDI」メニュー 63, 98, 130, 156
　「キーエディターを開く」63, 98
　「スコア」
　　「スコアエディターを開く」
　　　156
　「スコアエディターを開く」286
　「ドラムエディターを開く」130
MIDI リアルタイム入力 138
MIDI ループ 116
MixConsole 223
「Mix」ツマミ 194, 246
MonoDelay 267

N

Num Lock 62

P

PATTERN（Groove Agent SE の） 134

R

Reverb 193, 244, 245
RoomWorks SE 193, 194, 232, 244, 245, 246

S

Sample Rate 36
Sound ブラウザー 69, 70
steinberg hub 29, 74, 77, 125
Stereo Out 42, 225, 237, 238, 264, 265

U

UR22C 28, 32, 33, 34, 36, 37, 38, 39, 40, 42, 182, 184, 190, 191, 196, 197
USB-MIDI インターフェース 37

V

VOCALOID6 168
VOCALOID Editor 169
VOCALOID VSTi 169
VSTDynamics 226, 227
VST インストゥルメント 28, 47, 87, 116, 124, 168, 183, 228, 24, 268, 269, 270, 271

W

Wave ファイル 31, 249, 250, 252

かな

あ

アウトプットのルーティング 264, 265
アンドゥ 211 ➡元に戻す を参照
アンフリーズ 268, 273

い

イコライザー 239, 240, 241
イベント 49, 52, 53, 56, 57, 58, 63, 67, 97, 98, 121, 122, 130, 135, 139, 140, 145, 146, 147, 148, 156, 159, 165, 166, 169, 200, 201, 202, 203, 204, 206, 254, 255, 260, 270, 273, 275, 276, 277, 289, 293, 301, 305, 306, 307
　1つの～にまとめる 97
　MIDI ～ 93, 146, 147
　～移動 146
　オーディオ～ 53, 66, 201, 207, 272
　コード～ 81, 83, 84, 86, 91, 93, 94, 102, 159
　～全体の音量 204
　～の移調 275
　～の作成 52
　～の選択 53
　～をすべて選択 53, 139
　～を縮める 202
印刷 309
インストゥルメントトラック 46, 51, 59, 60, 87, 125, 129, 130, 135, 169, 228, 268, 269, 270, 271, 300
　～のフリーズ 268
　～を作成する 87
インスペクター 81, 88

う

ウィンドウのスクロール 55
「ウィンドウ」メニュー 23
　「Loop ブラウザー」 120
ウィンドウレイアウトの設定 275

え

エフェクト 46, 186, 193, 224, 225, 226, 227, 228, 233, 239, 244, 245, 246, 261, 262, 266, 268, 269, 270, 272, 278
　インサート～ 269, 272
　～のアサイン 266
　～をオフにする 232
エフェクトトラック 246
エフェクトトラックを追加 244
鉛筆ツール 48, 52, 83, 130, 133, 155, 159, 161, 178, 301, 302
エンベロープ 214

お

オーディオ CD のフォーマット 252
オーディオイベント 53, 66, 201, 207, 272
オーディオインターフェース 28, 32, 33, 34, 35, 36, 37, 38, 39, 42, 182, 184, 185, 186, 188, 189, 190, 191, 192, 195, 196, 197, 198
オーディオコネクション 39, 40, 41, 43
オーディオシステム 32, 33, 35
オーディオ出力形式 252
オーディオトラック 51, 52, 183, 196, 222, 239, 272, 273, 274
　～の作成 183, 190, 196
　～のフリーズ 272
オーディオファイル 116, 117, 121, 253, 254, 255
　～に書き出す 224
　～を読み込む 253, 254
オーディオミックスダウン 250
オーディオミックスダウン書き出し 250, 252
オーディオループ 117

312

オートメーション 278, 279, 282, 283, 284
オートメーション書込 279
オートメーションデータ 278, 279, 280, 281, 284
　～を作成する 282
　～を修正する 281
オートメーショントラック 280, 281, 282, 284
　～の追加 282
　～を閉じる 284
オートメーション読込 279, 282
オートメーションを隠す 284
オクターブ 60, 276, 277
音のタイミング 293
音の高さ 293
音の強さ ➡ ベロシティ を参照
音の長さ 65, 150, 152, 290, 292
オブジェクトの選択ツール 48, 84, 155, 166
音色 37, 59, 69, 88, 90, 96, 103, 116, 124, 128, 129, 134, 142, 158, 198, 270
　～のアサイン 142
　～を選ぶ 88
　～を確認する 59, 90
　～を読み込む 96
オンスクリーンキーボード 37, 60, 90, 138, 141
音符の削除 294
音符を入力する 300, 304
音量 185, 186, 188, 192, 196, 204, 214, 215, 216, 224, 225, 226, 227, 228, 261, 262, 266, 268, 278, 279
音量レベル 207, 216

か
開始（再生）44, 62, 91, 23
書き出し 172, 249, 250, 251, 252, 255
　「Dorico」プロジェクトへの～ 310
　PDF への～ 310

書き出し範囲 249, 255
拡大 54, 81, 98, 146, 147, 148, 151, 160, 186, 192, 197, 200
歌詞 168, 175, 176, 297, 298

き
キーエディター 63, 64, 65, 131, 138, 148, 150, 154, 155, 159, 160, 161, 165, 166, 177, 259, 260
キーエディターを開く 63, 98, 159, 258, 259
キーボードショートカット 258
キーボードショートカットを削除 260
キック 65, 127, 128, 131, 132, 237, 247
逆回転サウンド 218
キャレット 303

く
空白小節の削除 293
クオンタイズ 68, 148, 149, 150, 151
クオンタイズ値 49
クオンタイズプリセット 49, 67, 68, 100, 131, 132, 149, 151, 161, 163
クリック ➡ メトロノーム を参照
クリック（メトロノーム）44
グリッドの間隔 49, 284
グループ 263
グループ（Groove Agent SE の）128
グループチャンネルトラック 261, 262, 263, 264, 265, 266
　～の作成 263
　～へのアサイン 264

け
ゲイン 215

結果リストの新しい選択項目を自動再生 118

こ
コードイベント 81, 83, 84, 86, 91, 93, 94, 102, 159
　～を作成する 83
　～を選択 93
コードエディター 84, 85
コードトラック 80, 81, 83, 87, 91, 92, 93, 101, 140, 274, 275, 288
　～の作成 80
　～を再生する 91
コードのプリセット 106
コードパッド 106, 107, 108
コードパッドを表示 / 隠す 107
コードを入力する 80, 83, 84, 85
コピペ 56, 83, 85, 86, 97, 98, 156, 159, 165, 166, 178, 305
　コードを～する 85
　ドラッグ＆ドロップ型～ 56
　ペースト先指定型～ 57
コマンド 258, 259
コンデンサーマイク 28, 191
コンプレッサー 226, 227

さ
最近使用したプロジェクト 29, 77
サイクル 62, 71, 118, 123
サイクルオン／オフ 62
サイクル再生 71, 118
再実行 73, 121, 145, 165
左右チャンネルを入れ替え 219
サンプリングレート 31, 36, 217, 252
サンプルエディター 66, 207, 208, 217, 260
　～の表示 66
　～を開く 66, 207, 208

INDEX

313

し

下ゾーン 47
試聴 118, 119, 210, 214, 215
　　ループ～ 118
試聴時ボリューム 210
試聴ループ 210
縮小 54, 81, 288
情報ライン 275
ショートカット 49, 52, 53, 54,
　　57, 58, 60, 62, 68, 71,
　　73, 75, 81, 83, 84, 91,
　　122, 144, 145, 146, 150,
　　153, 186, 189, 192, 195,
　　198, 223, 230, 255, 258,
　　260, 23
　　～のアサイン 258
ショートカットアイコン 29
新規トラック 50
新規プロジェクト 124, 125, 253

す

スクロールバー 55, 160
スコアエディター 63, 64, 65,
　　156, 260, 287, 288, 289,
　　295, 297, 299, 300, 305,
　　306, 307, 308
　　～を開く 63, 156, 286, 287,
　　　289, 301, 305
「スコア」メニュー
　　「インストゥルメント設定」 295
　　「スコアエディターを開く」 286,
　　　287, 289, 301, 305
　　「ページビュー」 308
　　「レイアウト設定」 309
スタジオ設定 32, 34, 36, 38, 43
「スタジオ」メニュー
　　「MixConsole」 223
　　「オーディオコネクション」 39
　　「オンスクリーンキーボード」
　　　60
　　「スタジオ」設定 32
ステレオ 40, 196, 234, 245, 250
ステレオアウト 34

ステレオアウトチャンネル 224,
　　225
ステレオファイル 216, 219
スナップ 49, 52, 67, 81, 147,
　　284
スナップオン／オフ 49, 81, 120,
　　130, 139, 147, 151, 158,
　　161, 182, 200, 281, 284
スネア 65, 128, 131, 132, 216
スロット 88, 186, 225, 246, 266,
　　267
スロットトラック 88, 89

せ

セクション 62, 278
センド 244, 246, 247
センド－リターン 244, 246
センド量 247

た

ダイナミックマイク 191
タイミングを修正する 147, 152,
　　200
タイムストレッチ 219, 220
ダイレクトオフラインプロセシン
　　グ 209, 210, 211

ち

チャンネル 182, 186, 216, 219,
　　224, 225, 230, 232, 234,
　　236, 239, 242, 243, 244,
　　246, 247, 266, 269, 272
　　FX ～ 245, 246, 247
　　MIDI ～ 231
　　出力～ 231
　　ステレオアウト～ 225
　　入力用～ 230, 231
　　～の名前 232
チャンネルストリップ 239
チャンネル設定 239, 242
チャンネル設定の編集 239
チャンネルのフリーズオプション
　　269, 271, 272
チャンネルを表示／隠す 186

つ

ツールバー 48
ツールボックス 48, 83, 84, 130,
　　132, 153, 159, 161, 208
常に前面に表示 24

て

停止 44, 62, 71, 91, 118, 119,
　　144, 189, 195, 198, 202,
　　203, 268, 272
ディストーションサウンド 188
ティック 71
定番的なコード 106
テールサイズ 270, 272
デバイスポート 40, 42
テンポ 36, 72, 73, 118, 121,
　　140, 158, 174, 182, 190,
　　205, 206, 219, 220, 288
　　オーディオデータの～ 205,
　　　206, 217
テンポトラック 72
テンポトラックをアクティブにす
　　る 72

と

トラック 169, 175, 176, 224
　　MIDI ～ 51, 94
　　インストゥルメント～ 51, 87,
　　　125, 300
　　エフェクト～ 244, 246
　　オーディオ～ 51, 183, 196
　　オートメーション～ 280
　　グループチャンネル～ 261, 263
　　コード～ 80, 83, 91, 288
　　テンポ～ 72
　　～の作成 50
　　～の選択 264
　　～の縦幅 186, 192
　　～の名前 104
　　フリーズ～ 268
　　マーカー～ 62
　　マスター～ 224
トラックリストゾーン 46, 50,
　　51, 120

トラックを追加 50, 51, 87, 95, 125, 141, 169, 183, 184, 244, 245, 263
トラックを複製 276, 277
ドラムエディター 48, 63, 65, 124, 130, 131, 133, 260
ドラムエディターを開く 63, 130
ドラムスティックツール 132, 133
ドラムパターン 116, 119, 124, 130, 131, 134, 135
トランスポートパネル 44, 61, 62, 71, 72, 73, 91, 118, 119, 123, 140, 23, 144, 23
「トランスポート」メニュー
「トランスポートパネル」44, 61
「ロケーター」
「ロケーターを選択範囲に設定」255

な
名前を付けて保存 75, 105, 308

に
入力用チャンネル 230

の
ノートナンバー 160
ノートパレット 290, 291, 292, 302, 304, 306
ノートベロシティレベル 60
ノーマライズ 216
のりツール 48, 97, 306

は
パートの順番 299
パート名 295
ハイインピーダンス 182, 184, 185
バイパス 232, 233, 243
ハイハット 65, 128, 131, 132
破壊編集 211
はさみ（分割）ツール 48, 100

バス 40, 41, 42
バックトラック 105
パッド 106, 108
早送り 62
パラアウト 228, 230, 231
パラメーターの追加 283
パン 224, 228, 234, 235, 247, 268, 283
範囲選択ツール 208
パンコントロール 235
バンド 239, 241
反復複製 58
パンポット 234

ひ
左ゾーン 46, 81, 82, 92, 101, 186, 228, 269, 272, 278
ピッチ 131, 217
ビット解像度 31
ビット深度 252
非破壊編集 211

ふ
「ファイル」メニュー
「印刷」309
「書き出し」310
「MIDI ファイル」172
「オーディオミックスダウン」250
「終了」76
「新規プロジェクト」125
「閉じる」76
「名前をつけて保存」75, 105
「名前を付けて保存」308
「保存」75
「読み込み」
「オーディオファイル」253
ファンタム電源 28, 191, 197
ブースト 240, 241
プール 205, 206
プールを開く 205
フェーズを反転 216

フェーダー 220, 236, 237, 238, 248, 261, 262, 266, 278, 279, 282
フェードアウト 203, 215
フェードイン 202, 203, 214
フォノイコライザー 196
複数トラックのアサイン 265
複製 58, 122, 276, 277
トラックを～ 276, 277
付点 304
譜表ラベル 295
プリセット 126, 134, 135, 188, 194, 213, 227, 242, 243
プリセットの管理 242
プリセットの読み込み 242
プリセットブラウザー 89, 96, 126, 129
プリセットを保存 213
プロジェクト 29, 286
最近使用した～ 29, 77
新規～ 125
～の作成 29
～の保存 74
～を再生 44
～を停止 44
～を閉じる 76
～を開く 77
プロジェクトウィンドウ 44, 46, 54, 72, 172, 293, 305, 306
プロジェクト（曲）の先頭に戻る 62
プロジェクトゾーン 47, 48, 54
プロジェクトの再生に合わせる 118, 123
プロジェクトの設定 31
プロジェクトの設定を合わせる 36
プロジェクトのテンポにリンク 118, 121
プロジェクトフォルダー 74
プロジェクトフォルダーにファイルをコピー 254

INDEX

315

「プロジェクト」メニュー
　　「トラックを追加」50
　　「プロジェクト設定」31
ブロック 64, 98, 100, 147, 150,
　　　　151, 152, 153, 154, 155,
　　　　161, 165, 166, 167

へ

ページビュー 308
ベース音 85
ベロシティ 60, 133, 154, 155
　　～の調整 133
「編集」メニュー
　　「キーボードショートカット」
　　　　258
　　「機能」
　　　　「反復複製」58
　　　　「複製」58, 122
　　「クオンタイズ」68, 150
　　「コピー」57
　　「再実行」73, 145
　　「削除」146, 153
　　「選択」
　　　　「すべて」53
　　「貼り付け」57
　　「元に戻す」73, 145, 211

ほ

ボイシング 81, 92, 94, 101
ボーカロイド 138, 156, 168,
　　　　169, 172, 173, 175, 176,
　　　　177
保存 74, 75, 77, 105, 123, 172,
　　　202, 205, 251, 253, 278
　　上書き～ 75
　　名前をつけて～ 75, 105
ボリューム 43, 185, 186, 188,
　　　　191, 192, 197, 198, 202,
　　　　236

ま

前のマーカー／プロジェクト開始
　　　　位置へ移動 62
巻き戻し 62

み

ミキサー 223, 224, 225, 228,
　　　　229, 230, 234, 236, 244,
　　　　245, 246, 248, 266, 278,
　　　　279
　　～を開く 223
右ゾーン 47, 70, 268, 271, 273
ミュージカルモード 206, 217,
　　　　219
ミュート 93, 138, 175

む

無音化 218

め

「メディア」メニュー
　　「Loop ブラウザー」69, 116
　　「Media Bay」69
　　「Sound ブラウザー」69
　　「プールを開く」205
メトロノーム 140
メトロノームクリックを有効化
　　　　44, 72, 140, 158, 182

も

元に戻す 73, 121, 145, 165, 202,
　　　　211
モニタリング 185, 189, 192,
　　　　195, 198
モノラル 40, 41, 183, 196, 216,
　　　　219

よ

読み込みオプション 254

ら

ラインレベル 196

り

リサンプル 217
リドゥ ➡ 再実行 を参照
リバース 218

リバーブ 193, 194, 232, 233,
　　　　244, 245, 246, 247, 248,
　　　　249, 270, 278, 282, 284
　　～の深さ 194, 282
リミッター 225, 227

る

ルーティング 88, 125, 228
　　アウトプットの～ 264, 265
ループファイル 116, 118, 119,
　　　　120, 121, 122, 123, 124,
　　　　205, 249, 274

れ

レイテンシー 28, 35

ろ

録音 28, 36, 40, 62, 72, 116,
　　　138, 139, 140, 144, 147,
　　　151, 182, 183, 186, 189,
　　　190, 192, 193, 195, 196,
　　　198, 201, 202, 205, 206,
　　　216, 222, 230, 232, 244,
　　　249, 268, 272, 276, 278
　　エレキギター～ 182
　　オーディオ～ 138
　　ギター／ボーカル～ 72
　　シンセサイザー～ 198
　　ボーカル～ 190
　　マイクを接続して～ 190
　　モノラル～ 40
　　ライン～ 182
　　ライン楽器をステレオで～ 196
　　リアルタイム～ 147
録音可能 59, 60, 143
録音できない 32
録音ファイル形式 31
録音レベル 189, 195
ロケーター 71, 220, 250, 255
　　左～位置 71, 118, 250
　　右～位置 71, 118, 250
ロケーターを選択範囲に設定
　　　　255

●著者略歴

目黒真二（めぐろ・しんじ）

音響系専門学校を卒業し、後に米・ロサンゼルスのMI（ミュージシャンズ・インスティテュート）ベース科に留学。帰国後は、ベーシスト／ギタリスト／PAエンジニア／シンセサイザーマニピュレーターとして活動。さまざまなミュージシャンのバックバンド／制作／作編曲に携わる。また、その経験を生かして、音楽制作ライター／映像クリエーター／翻訳者としても活動している。著書に、数々のCubase シリーズガイドブックの他、『Sound it! 8 活用ガイド』、『現場で役立つPAが基礎からわかる本』（いずれもスタイルノート）など多数。また、自身の経験を元にした『J Boy 〜ハリウッドの音楽学校留学記』『インスリン依存性糖尿病を抱えても、なんとか頑張ってます！』（いずれもAmazon Kindle 版）も出版している。

基礎からわかる Cubase AI 14/LE 14
──コードトラックや付属ループでカンタン音楽づくり

発行日　2025 年 4 月 30 日　第 1 刷発行

著　者　目黒眞二

発行人　池田茂樹
発行所　株式会社スタイルノート
　　　　〒 185-0021
　　　　東京都国分寺市南町 2-17-9-5F
　　　　電話 042-329-9288
　　　　E-Mail books@stylenote.co.jp
　　　　URL https://www.stylenote.co.jp/

装　丁　又吉るみ子
印　刷　シナノ印刷株式会社
製　本　シナノ印刷株式会社

© 2025　Meguro Shinji　Printed in Japan
ISBN978-4-7998-0218-2　C1004

定価はカバーに記載しています。
乱丁・落丁の場合はお取り替えいたします。当社までご連絡ください。
本書の内容に関する電話でのお問い合わせには一切お答えできません。メールあるいは郵便でお問い合わせください。
なお、返信等を致しかねる場合もありますのであらかじめご承知置きください。
本書は著作権上の保護を受けており、本書の全部または一部のコピー、スキャン、デジタル化等の無断複製や二次使用
は著作権法上での例外を除き禁じられています。また、購入者以外の代行業者等、第三者による本書のスキャンやデジ
タル化は、たとえ個人や家庭内での利用であっても著作権法上認められておりません。